Liderança Motivacional

Como desenvolver pessoas e organizações, através do *coaching* e da motivação.

Alfredo Pires de Castro
O Mesmo Autor de "Zapp! em Ação"

Liderança Motivacional

5ª REIMPRESSÃO

Como desenvolver pessoas e organizações, através do *coaching* e da motivação.

QUALITYMARK

Copyright© 2015 by Alfredo Pires de Castro

Todos os direitos desta edição reservados à Qualitymark Editora Ltda.
É proibida a duplicação ou reprodução deste volume, ou parte do
mesmo, sob qualquer meio, sem autorização expressa da Editora.

Direção Editorial	Produção Editorial
SAIDUL RAHMAN MAHOMED editor@qualitymark.com.br	EQUIPE QUALITYMARK

Capa	Editoração Eletrônica
Marcelo José de Castro	Criativos Design Carlos Eduardo Oliveira (Designer Responsável)

1ª Edição: 2009
1ª Reimpressão: 2010
2ª Reimpressão: 2011
3ª Reimpressão: 2011
4ª Reimpressão: 2013
5ª Reimpressão: 2015

CIP-Brasil. Catalogação-na-fonte
Sindicato Nacional dos Editores de Livros, RJ

F198r
    Castro, Alfredo Pires de
    Liderança motivacional : como desenvolver pessoas e organizações, através do coaching e da motivação / Alfredo Pires de Castro. – Rio de Janeiro : Qualitymark Editora, 2015.
    128 p. : 23 cm

    Inclui bibliografia
    ISBN 978-85-7303-850-7

    1. Motivação (Psicologia). 2. Liderança. 3. Grupos de trabalho. 4. Desenvolvimento organizacional I. Título.

08-4921   CDD: 658.314
                                                                                CDU: 658.310.13

2015
IMPRESSO NO BRASIL

Qualitymark Editora Ltda.
Rua Teixeira Júnior, 441 – São Cristovão
20921-405 – Rio de Janeiro – RJ
Tel.: (21) 3295-9800

QualityPhone: 0800-0263311
www.qualitymark.com.br
E-mail: quality@qualitymark.com.br
Fax: (21) 3295-9824

Introdução

Escrevi este livro para você!

Ele pode ser lido de diversas formas, e não é necessário seguir a ordem dos capítulos, pois o tema é bastante amplo e o mais importante é buscar conhecimento sobre este eterno desafio de motivar e liderar pessoas.

Continuo a acreditar no desenvolvimento contínuo. Depois da experiência de pesquisar e escrever tantos livros me sinto mais curioso sobre temas que nos desafiam todos os dias: motivação, trabalho em equipe, resultados, liderança, vendas.

Considero-me um eterno aprendiz. Trabalhando e viajando pelas mais diferentes cidades do Brasil, além de viajar também pelo exterior, Europa, Estados Unidos, Ásia e África, consigo perceber a importância que todo líder deve dar à diversidade de sua equipe, e às diferenças de estilo, comportamento e desejos de cada um de seus liderados. Foi pensando nesse "mot" que decidi colocar em formato simples, neste livro, conhecimentos e técnicas práticas para que você possa ampliar suas competências como profissional, como líder, como pessoa.

A liderança motivacional é conseqüência da união de dois modelos consagrados internacionalmente (liderança situacional e dominância cerebral) e já tem sido implementada em diferentes culturas empresariais com bons resultados.

O livro está estruturado em três grandes partes:

a) Uma fábula moderna.

b) O modelo de dominância cerebral.

c) O modelo de liderança situacional.

Escolha a ordem e vá descobrindo conceitos, técnicas e dicas para que seus processo e estilo de liderança possam ser os mais adequados possíveis às necessidades de seus liderados.

Este livro não é diferente de qualquer outro nos quesitos de planejamento e elaboração: ele é conseqüência de um estudo profundo das obras de vários pesquisadores e do trabalho de consultoria que realizo juntamente com meus colegas da MOT.

Nesse processo de desenvolvimento, agradeço a contribuição e o aprendizado que tenho tido com muitas pessoas, dentre as quais destaco a minha eterna inspiradora Valeria José Maria – uma pessoa especial com a qual aprendi muito ao ler seu livro "Auto-Realização".

Meus filhos Marcelo e Natalia também são meus mestres, pois me ensinam como praticar a liderança motivacional a cada dia, a cada semana, eternamente. Por sinal, as técnicas propostas neste livro podem ser aplicadas no âmbito familiar, com resultados bastante perceptíveis (tente fazer como eu tenho feito ao longo dos últimos anos, e aplique este conteúdo no seu lar também!).

Gostaria de agradecer a Marina Gonzalez, uma verdadeira mestra, líder de uma equipe de consultores muito competentes (que integram a MOT). Com eles pude aperfeiçoar instrumentos de diagnóstico e aprender com a aplicação dos modelos em treinamentos, processos de *coaching* e programas de desenvolvimento para os ambientes mais diversificados, principalmente nos últimos dez anos. É muito importante agradecer também a todos os clientes, amigos e colegas de profissão que me estimulam todos os dias e, principalmente, me ensinam diariamente como podemos exercer a liderança motivacional para ampliar a motivação das pessoas.

Meu agradecimento a você, leitor! Boa leitura!

Sumário

Parte I

Capítulo 1 – O Processo de Mudança, 3

Capítulo 2 – Quebrando Paradigmas, 7

Capítulo 3 – Percebendo as Outras Dimensões, 9

Capítulo 4 – Motivação Total, 13

Capítulo 5 – Novos Desafios, 17

Capítulo 6 – Criando Motivação Através de Diferentes Estilos, 23

Parte II

Capítulo 7 – A Dominância Cerebral, 31

Parte III

Capítulo 8 – Liderança Motivacional, 69

Capítulo 9 – *Coaching*, 83

Capítulo 10 – Automotivação, 89

Capítulo 11 – Liderança Motivacional na Prática, Lições do Cirque Du Soleil, 97

Bibliografia, 107

"O ser humano se desenvolve há milhares de anos através de suas histórias e da capacidade de transmitir seus conhecimentos com arte, talento e criatividade."

PARTE I

Capítulo 1 | O Processo de Mudança

Imagine uma Terra mágica...

Esta Terra mágica é chamada de "Normalópolis".

Nesse lugar, há alguns anos, reside João Caramuru, que, como todos em "Normalópolis", se sente um verdadeiro normalopolitano, cheio de planos, objetivos; enfim, uma pessoa "normal".

Normalópolis se destaca pelo estilo alegre e "normal" das pessoas que lá residem. João Caramuru trabalha no Departamento N da maior empresa da cidade: a Normal S.A.

Essa empresa cresceu muito nos últimos anos, impulsionada pelo trabalho competente e supermotivado de seus colaboradores, na fabricação de normaladores, as mais modernas máquinas da atualidade.

Os normaladores são utilizados nas mais variadas atividades da vida moderna, trazendo conforto e bem-estar, criando, ainda, as condições para o que podemos chamar de "mundo virtual". Com a velocidade que eles dão para o trabalho de hoje, todos, de algum modo, lidam e convivem, nesse mundo virtual.

O clima interno na Normal é muito bom, motivado, serve até de exemplo para outras organizações. Pesquisas e estudos já foram até feitos para entender por que as pessoas na Normal são tão motivadas... tão "zappeadas".

Mas... nem sempre foi assim na Normal!

Nem sempre os colaboradores podiam, digamos assim, "liberar" essa energia positiva no trabalho, que gera um clima favorável à criatividade, ao trabalho em equipe. Quando olha para o seu próprio passado, João

Caramuru lembra-se muito bem de que, há mais de uma década, o ambiente da Normal não era assim tão… "Zapp!"

Uma parte da história de transformação da Normal é contada pelo próprio João, nas reuniões e palestras que ele é, constantemente, convidado a fazer para outras organizações, instituições de ensino e pesquisa e até em congressos de gestão empresarial!

Nessas ocasiões, João gosta de contar para as pessoas um pouco do histórico, das ações que ele e seus colegas empreenderam para transformar a Normal em uma empresa diferente. Claro que não foi fácil empreender esse processo de mudança. Por isso, geralmente, ele começa as apresentações dizendo: "Vou contar um pouco da nossa estória sobre a Normal, mas vou avisando… É uma longa estória e, para isso, vamos voltar no tempo…".

E assim, João conta a todos sua estória, que se confunde com a da empresa na qual trabalha:

"Há muitos anos, desde que Norman Normal havia fundado a empresa, todos os seus colaboradores, inclusive eu mesmo, trabalhavam em um ambiente, digamos… 'normal'.

Trabalhávamos em uma empresa respeitada, ganhávamos um salário razoável (pelo menos quando comparávamos com outras empresas da região), tínhamos benefícios interessantes, o trabalho era seguro, mas, no entanto, sentíamos que faltava alguma coisa.

Meu irmão Raul, que também trabalhava no Departamento N, investiu bastante tempo em uma idéia criativa, inovadora, para a qual ninguém deu muita importância no início. Porém, depois se tornou o maior sucesso e fonte de inspiração para um grande processo de mudança em nossa empresa.

Ele desenvolveu o 'Raulador'!

Deixem-me explicar: ele percebeu que a rebimboca da parafuseta, que deixava os normaladores mais rápidos, quando incrementados com os novos processadores, criava um campo virtual que nos levava diretamente à décima segunda dimensão.

Coisa de cientista!

Mas o que quero contar para vocês é o **efeito** que o raulador causa, e não a sua forma de funcionamento.

O raulador é capaz de levar qualquer um de nós a uma dimensão em que percebemos os reais sentimentos das pessoas!

> Nossa... vocês precisam ver o que podemos perceber nessa outra dimensão!
> Pessoalmente fui várias vezes à décima segunda dimensão e aprendi coisas inesquecíveis sobre os seres humanos.
> Certa vez, escrevi em meu diário:
> "Somos o que realmente fazemos, e não o que apenas pensamos ser!"
> Quando o nosso Departamento era bem, digamos, 'normal', as coisas aconteciam lentamente, sem muita motivação e entusiasmo. Nossa situação era a seguinte:
> Quase ninguém se interessava por coisas relacionadas ao trabalho.
> As coisas pelas quais se interessavam não estavam relacionadas ao trabalho.
> O pessoal se preocupava mais com o contracheque, as férias e a aposentadoria. Fora isso, nem pensar em conversar sobre mudanças, criatividade, trabalho em equipe.
> A atitude reinante era: não faça nada que não tenha que fazer. E nesse caso, faça o mínimo possível.
> O dia todo parecia que as pessoas estavam em câmera lenta – até o final do expediente. Nessa hora, era como assistir a um filme acelerado.
> Algumas pessoas falavam sobre melhorar a qualidade do trabalho e o que conseguia era olhares inexpressivos e desmotivados.
> Ninguém assumia mais responsabilidades do que deveria assumir. Se não terminavam um trabalho, o problema não era de ninguém.
> As pessoas só faziam o estritamente necessário.
> Ninguém se interessava em aperfeiçoar rotinas, processos de trabalho; na realidade, todos temiam as mudanças.
> Todas as vezes que os chefes tentavam motivar as pessoas, os resultados eram de curto prazo, não duravam quase nada.
> Enfim... um clima difícil!"

E assim João mostrava como eram o ambiente e a disposição das pessoas antes da transformação... antes das viagens à décima segunda dimensão, que mudaram completamente a forma de atuação das pessoas no Departamento N!

Capítulo 2 | QUEBRANDO PARADIGMAS

Até hoje, quando João explica sobre sua experiência, ele percebe que algumas pessoas não acreditam: *"Quando viajava para a décima segunda dimensão ninguém podia me ver, mas eu conseguia ver o que meus colegas sentiam por dentro, e, através de cores e imagens, percebia como estava o clima do grupo".*

A descrição de João para o ambiente da Normal não é muito diferente de muitas organizações que existem hoje: *"Naquela época, dependendo do ânimo das pessoas, e do humor dos nossos chefes, existia uma espécie de 'bruma roxa' no ar, tudo muito estranho. Este cenário ficava mais escuro ainda quando a chefe do nosso chefe, a Sra. Helena Krabofski, entrava em nosso departamento para uma 'reunião de orientação' com nosso chefe Jô Pontes. O grupo todo já se olhava e sabia que depois disso..."*

Pelas descrições de João, quando estava na décima segunda dimensão, a Sra. Krabofski emanava uma luz fantasmagórica e parecia um monstro escamoso... coisa de arrepiar!

O engraçado é que ela só era vista assim quando ele estava na décima segunda dimensão, pois, do contrário, na dimensão "normal" ela era elegante, bem vista pela diretoria da empresa e cheia de autonomia e prestígio. Aliás, situação muito parecida com a de algumas pessoas que conhecemos por aí, não é mesmo?

Mas, na décima segunda dimensão, ele via o que ela realmente era por dentro: uma "craque" em levar "bombas" para a sua equipe resolver!

"Sabe aquelas bolas pretas, que aparecem muito em desenhos animados, com um pavio aceso, prontas para explodir? Pois era assim que eu via (na décima segunda dimensão) os relatórios e processos que ela trazia e colocava justamente na mesa de Filipa, a secretária do nosso departamento."

Aliás, na décima segunda dimensão, Filipa parecia uma anciã cansada e descabelada, com uma luz de cor azul-pálido, o que mostrava como sua auto-estima estava lá embaixo.

E olha que na dimensão "normal" ela até que tinha uma postura razoável. Coitada, somente ela sabia o quanto sofria internamente com essa baixa auto-estima.

Mas, também, qualquer um ficaria "azul-pálido" com a forma de falar da Sra. Helena. Ela chegava no departamento de repente, sem cumprimentar ninguém, e já ia perguntando logo pelo nosso chefe, o Jô Pontes.

E João Caramuru continuava a contar detalhes da sua área na Normal:

"Mas quantas pessoas por aí, em outras empresas, não se sentem dessa forma todos os dias? Pobre Filipa! E depois queriam que ela mostrasse 'entusiasmo e motivação'. Isso não se consegue somente com palestras e memorandos. Porém, essa situação mudou totalmente!"

Essa mudança foi o resultado de um longo processo que começou acidentalmente, num certo dia "normal".

Capítulo 3 | PERCEBENDO AS OUTRAS DIMENSÕES

João jamais se esqueceu do primeiro dia que o Jô Pontes foi parar na décima segunda dimensão, sem saber o que estava se passando!

Momentos antes, seu irmão Raul tinha ido à sua sala para contar sobre a novidade que acabara de descobrir e que iria transformar aquele departamento (e suas vidas) para sempre.

Nem bem tinha entrado na sala e Jô não quis escutar uma só palavra. Ainda por cima, disse a frase-chave de todos aqueles que, mesmo sem querer, acabam sendo os reis da desmotivação: *"Não me interessam suas novas idéias, você é pago para fazer o que eu mando, e não para inventar novas formas de fazer!"*

João, na décima segunda dimensão, pôde ver como seu irmão Raul tinha sido tratado e o efeito danoso que isso provocara nele. E o pior é que essa postura era constante, por parte do seu chefe, o Jô Pontes. Eles começaram a chamar essa "ação" de "Sapp!" (uma energia negativa que desmotiva as outras pessoas porque reduz sua auto-estima e não mostra qualquer empatia pelos seus sentimentos).

Nas palestras e apresentações que é convidado a dar, geralmente João mostra e pede exemplos do dia-a-dia, que podem significar "sapps". Talvez este seja um dos momentos mais movimentados nas apresentações e palestras... e sabe por quê? Porque todo mundo sempre tem uma boa história de "sapp", momentos nos quais as pessoas desmotivam as outras, na maioria das vezes sem perceber que estão fazendo isso.

Bem, mas vamos voltar à história de transformação do Departamento N. João descreve o que aconteceu naquele dia:

"Cerca de meia hora depois deste Sapp, Jô Pontes saiu de sua sala em direção à sala do Raul. Lá chegando, viu o raulador ligado (o equipamento recém-criado que nos levava à décima segunda dimensão). Como era de costume, sem perguntar nada a ninguém, já que ele era o 'sabe-tudo', Jô apertou o botão da máquina, ouviu-se um zumbido agudo, um enorme clarão e, imediatamente, foi transportado para a décima segunda dimensão!

Ele andou pelos corredores do departamento e percebeu que ninguém olhava para ele. Na verdade, aos poucos foi tendo a certeza de que ninguém o via nessa outra dimensão. Foi aí que ele percebeu o quanto as pessoas estavam desmotivadas e o tanto de Sapps que eles recebiam o tempo todo. Foi também a partir desse dia que nosso ambiente começou a mudar, a partir da percepção do nosso líder sobre nossa real situação".

Segundo João, Jô Pontes descobriu, a partir da experiência na décima segunda dimensão, que podia ver uma força invisível que as pessoas possuem, que só é "visível", ou perceptível, quando prestamos atenção no conteúdo e na forma como nos comunicamos com as outras pessoas. Esta força é a chave para a motivação das pessoas. E ela é conseqüência do que as próprias pessoas sentem, o que se passa na cabeça delas, como são por dentro!

Jô Pontes pôde perceber, com o auxílio do raulador e da décima segunda dimensão, o que acontecia realmente com seus liderados. Para exemplificar, João costuma explicar, através de comportamentos, quais são as características de quatro colegas de trabalho: Beth, Filipa, Martinho e Dan.

A Beth, uma fiel e disciplinada funcionária, era ótima em trabalhos que envolviam números e análises, mas era obrigada a se limitar a fazer atualizações rotineiras no sistema de comunicação do Departamento N. Ela emanava uma luz pálida, e "catava milho" em um teclado de computador, cometendo erros e mais erros sem ao menos parar para corrigi-los (pois nem sequer os percebia).

A Filipa, sua secretária, era vista na décima segunda dimensão como uma pessoa cansada, cercada por sacos de areia que faziam uma espécie de trincheira em frente à sua mesa. Parece que ela se sentia numa guerra diária e precisava de proteção contra tudo e contra todos.

O Martinho era uma pessoa esforçada, falante, bastante social, e era sempre interrompido em suas participações verbais quando o Jô tentava fazer reuniões com o grupo. Na décima segunda dimensão, ele era visto como uma múmia, que se arrastava pelos corredores sem entusiasmo, em um silêncio profundo.

O Dan era um dedicado e sério colaborador, que, na realidade, era podado em sua imensa criatividade e obrigado a fazer, sem questionar, rotinas desnecessárias: um trabalho nada inspirador. Ele foi visto pelo Jô em um canto escuro, com as mãos amarradas na cadeira!

Cada um desses colaboradores, quando observado na décima segunda dimensão, revelava seu lado mais íntimo, seu espírito motivacional mais interno – todos completamente desmotivados... e "sappeados"!

Capítulo 4 | **MOTIVAÇÃO TOTAL**

Depois de viajar várias vezes para a décima segunda dimensão, Jô foi aprendendo e desenvolvendo novas competências. Ampliou sua percepção e mudou seus comportamentos, criando e emanando um clima de energia positiva e um novo estilo de liderança no seu grupo, que todos chamaram de... "Zapp"!

Durante as apresentações e palestras, ou quando está conversando com alguém interessado no "Zapp", João recomenda a leitura do livro "Zapp! O Poder da Energização", em que Jô Pontes relata como foi a introdução do "Zapp" no Departamento N.

Cada um dos quatro liderados (Beth, Filipa, Martinho e Dan) foi sendo "zappeado" de acordo com a percepção de suas características, principalmente depois que Jô passou a utilizar e a difundir três princípios básicos do "Zapp":

1 – Manter a auto-estima.
2 – Ouvir e responder com empatia.
3 – Pedir ajuda para solucionar o problema (buscar idéias, sugestões e informações).

Além disso, com cada integrante de sua equipe Jô Pontes passou a se comunicar da forma mais adequada, de acordo com as necessidades e características de cada um de seus liderados. Aliás, ele passou de "chefe" a um verdadeiro "líder", mudando sua forma de encarar a liderança. Ao longo do processo de mudança, ele foi percebendo que deveria abandonar a idéia de que a equipe deve servir ao chefe, enquanto implementava uma nova filosofia de trabalho, na qual o líder percebe as necessidades de cada liderado e atua como um facilitador da equipe, isto é, passa a "servir" a seus liderados em vez de ser liderado por eles.

Aos poucos, Jô Pontes implementou um processo motivacional com sua equipe, e começou a obter mais e mais resultados positivos.

Ele adotou um novo modelo de liderança, que pode ser definido como "liderança educadora".

Além disso, pôde divulgá-lo por toda a Normal através de programas de treinamento e palestras. Esse processo de mudança foi tão forte que ampliou a capacidade de toda a equipe, gerando maior capacidade de transformação de todo o grupo e trazendo resultados muito positivos para a Normal.

As pessoas percebem o clima de trabalho diferente, ficam mais motivadas, entusiasmadas. Esse ambiente gera condições favoráveis para o aumento dos resultados empresariais, isto é, todos ganham: o líder, os liderados, a empresa e seus clientes.

Na décima segunda dimensão, quando alguém aplica, sinceramente, um dos três princípios da motivação, cria um Zapp! entre ela e a pessoa.

Com o Zapp, as pessoas assumem responsabilidade por suas tarefas individuais, mas o líder ainda é o responsável por:

a) Saber o que se passa no grupo.
b) Definir o rumo, a direção.
c) Tomar decisões que as pessoas não podem tomar.
d) Garantir que as pessoas estejam no caminho certo.
e) Dar suporte, abrir portas.
f) Avaliar o desempenho.
g) Ser um "gestor" inteligente, motivador.

Nesse, novo ambiente energizado, passa a ser importante definir limites flexíveis de autoridade e responsabilidade. A delegação ganha mais sentido, e todos passam a trabalhar com mais envolvimento.

Mas quem já aplica o "Zapp" há algum tempo adverte que o líder que controla demais cria "Sapp", e o líder que abandona o controle também cria "Sapp". No entanto, o líder que usa controle situacional gera "Zapp" na sua equipe, junto aos seus liderados.

Nos encerramentos das palestras e apresentações, João faz um resumo das ações práticas que ajudam um líder a "zappear" sua equipe:

Não se esquecer de utilizar os três princípios-chave:
1 – Manter a auto-estima.
2 – Ouvir e responder com empatia.
3 – Pedir ajuda para solucionar o problema (buscar idéias, sugestões e informações).

Para praticar um novo modo de atuação, estabeleça, claramente, para todos os integrantes da equipe o seguinte:
   a) Qual é a área-chave de resultado (os objetivos desejados).
   b) Quais são as unidades de medida do desempenho.
   c) Quais são as metas que a equipe pode e pretende atingir (possíveis, desafiadoras, compartilhadas).

Quando o líder busca novos paradigmas, cria-se um "Zapp" que impulsiona as pessoas numa nova direção!

"Zapp" é valorizar as pessoas com a energia que vem delas, e retorna a elas amplificada!

O "Zapp" não dá apenas um rumo às ações, mas inspira as ações!

Aprender sempre e procurar melhorar seu próprio trabalho gera "Zapp".

Trabalhar em grupo, com um objetivo de melhorar seu próprio trabalho, e o trabalho de equipe, dá "Zapp".

Para que o "Zapp" funcione as pessoas precisam de:

   a) Direção – áreas-chave de resultado, metas, indicadores de qualidade.

   b) Conhecimento – habilidades operacionais, treinamento, informação, e habilidades de interações interpessoais.

c) Recursos – ferramentas da qualidade, matéria-prima com qualidade, condições físicas apropriadas;

d) Apoio – reconhecimento, aconselhamento, *feedback*, estímulo.

> Para dar "Zapp", é importante reconhecer e apoiar as pessoas com quem interagimos e ainda:
> - Explicar o propósito e a importância do que se pretende desenvolver.
> - Explicar o processo a ser adotado.
> - Mostrar como se faz.
> - Observar pacientemente, como a outra pessoa faz seu trabalho.
> - Acompanhar e orientar com *feedback* específico e imediato;
> - Demonstrar confiança na capacidade da pessoa de obter sucesso.

Enfim, com o "Zapp" podemos descobrir novos paradigmas!

E foi assim, através de um longo processo, que a Normal se tornou uma empresa diferente. Passou a ser exemplo de clima organizacional interno, com reflexos sentidos pelos seus clientes externos, que passaram a receber normaladores com um padrão de qualidade superior e com um nível de satisfação bastante alto.

Mas, como naquela Terra mágica, Normalópolis, as coisas mudam continuamente, João Caramuru foi estimulado a enfrentar novos desafios...

Capítulo 5 | **NOVOS DESAFIOS**

Passados mais de dez anos do início da implantação do "Zapp" na Normal, João Caramuru pôde olhar para o passado e avaliar o intenso crescimento que ele, seus colegas, líderes e irmão tiveram desde então: eles mudaram a forma de ver as coisas, de fazer seu trabalho.

Hoje, nem é mais necessário fazer viagens à décima segunda dimensão para perceber o que gera "Zapp" ou "Sapp" nas pessoas. João se sente uma pessoa melhor, um profissional mais competente, mais "zappeado" e energizado, que vê mais sentido na sua vida e no seu trabalho.

Depois da implantação das mudanças, a Normal obteve grandes resultados, o que a tornou uma empresa de referência não apenas em Normalópolis, mas também em outras cidades.

Há cerca de quatro anos, buscando aumentar seu nível de "Zapp", João concorreu a uma nova oportunidade na Normal, em outra cidade, como gerente responsável por uma nova área de negócios.

Nessa outra cidade, **Virtualópolis**, João encontrou novos desafios, conheceu outros liderados e passou a aprender mais sobre como as pessoas de outras região e cultura podem ser diferentes. Sempre atento às demandas e às necessidades da equipe, João leu livros e cursou programas de treinamento sobre diversidade, para compreender melhor como cada pessoa é capaz de valorizar aspectos pessoais diferentes e, por isso, "sentir" o "Zapp" de maneira diferente da outra.

Nessa nova unidade, João atua como gerente de novos negócios e tem a responsabilidade, juntamente com sua equipe, de desenvolver um novo produto da Normal, denominado de **Mutante**.

Para exercer essa nova função, ele tem que se relacionar com colegas de trabalho e liderados que não ficam fisicamente na mesma unidade que ele, pois Virtualópolis é uma unidade mais recente do que a matriz Normalópolis, e ainda está na fase de crescimento e ampliação de sua estrutura.

Por isso, João viaja com freqüência. Além disso, ele faz reuniões, troca idéias, toma decisões; enfim, trabalha com pessoas através de conexões, digamos, "virtuais".

Aliás, essa é uma tendência cada vez maior atualmente: a virtualidade no trabalho diário.

No grupo de trabalho para o desenvolvimento do produto Mutante, a filosofia da equipe é buscar a inovação através da criatividade de seus integrantes.

E João sabe que quanto mais uma equipe é diversificada, mais criativa ela fica.

Era mais uma semana que começava. Mas João não sabia ainda que essa não seria uma semana "normal".

Naquele dia Z, ele chegou à empresa, em Virtualópolis, deu um bom dia "zappeando" cinco colegas que encontrou pelo caminho, e dirigiu-se à sua mesa. Antes de sentar, fez um pequeno alongamento, pensou um pouco no privilégio de ter mais um dia pela frente, sentou-se e ligou seu computador... Pensou alto: "Incrível, como todos nós, não só aqui na Normal mas em todo o mundo, dependemos das conexões virtuais que essas máquinas fazem... se estou conectado, estou ligado ao mundo... inacreditável!"

João recebeu todas as mensagens, verificou as pendências do dia e... pensou pela primeira vez seriamente sobre como a virtualidade vem mudando a vida no mundo.

A Normal, como várias empresas, vem se desafiando constantemente a melhorar seus processos internos. Para isso, criou cinco grupos de melhoria que estudam determinados processos e propõem sugestões para aprimorar o trabalho e a satisfação do mercado. Um deles é chamado de "Rei Cliente", voltado para o atendimento das necessidades dos clientes que utilizam a área de assistência técnica dos normaladores.

João lidera esse grupo, que é composto por ele, Filipa, Dan, Beth e Martinho.

A primeira fase do projeto correu muito bem.

Há cerca de um mês, eles entraram na segunda etapa do projeto, com metas e objetivos audaciosos, e a relação da equipe começou a preocupar João Caramuru.

Eles mantêm reuniões semanais (virtuais) para debater as idéias e melhorias sobre esse tema e possuem um cronograma que prevê a implementação das primeiras ações de melhoria dentro de cinco semanas.

Mas, apesar da ação atenta do líder João, parece que as coisas não estão correndo muito bem.

Como eles estão localizados em unidades distantes, suas reuniões são presenciais e... virtuais! Isso implica dizer que, mesmo quando há uma viagem prevista na agenda dos cinco integrantes, eles fazem uma reunião que usa a conversação sincronizada e outras ferramentas de interatividade. Essas reuniões ocorrem semanalmente.

Mas João percebia que, muito além da interatividade do grupo, o clima da equipe não parecia, digamos, "zappeado".

A preocupação de João tornou-se sintomática depois que ele recebeu a seguinte mensagem de Martinho:

De: Martinho
Para: Grupo "Rei Cliente"
Estive pensando sobre o que debatemos na nossa última reunião semanal. Realmente, parece-me uma boa idéia fazer um estudo sobre a rebimboca da parafuseta e levantar as razões pelas quais nossos clientes vêm sugerindo a troca da lingüeta automática. Mas... quando quero dizer ao grupo que prefiro discutir idéias pessoalmente, digo isso porque para mim é difícil termos que trocar idéias somente de forma virtual. Tenho sentido um pouco de dificuldade, estou até um pouco desmotivado com nossas reuniões virtuais. Será que não poderíamos discutir sobre a lingüeta automática PESSOALMENTE?
Martinho

Essa não era a primeira mensagem de Martinho solicitando uma reunião presencial. João sentia que ele tinha muitas dificuldades com as reuniões virtuais. O mais interessante era que nem todos os demais integrantes da equipe tinham esse sentimento, essa percepção.

Beth, ao contrário, mostrava-se muito à vontade com as reuniões virtuais; aliás, pode-se dizer até que ela era a que melhor atuava desse jeito. Sempre pronta para escrever, participava muito bem dos debates quando eles eram pela Internet.

João pensou um pouco e constatou que Filipa também gostava das reuniões virtuais. Ela valoriza os detalhes e conseguia cumprir muito bem as tarefas que lhe cabiam. Seus próprios colegas a denominavam como uma pessoa detalhista, que não deixava "passar" nada.

Já o Dan alternava momentos de discrição, trabalhando bem virtualmente, lendo ou escrevendo. Porém, havia uma situação que mudava por completo essa característica: sempre quando tinha uma solução criativa para apresentar ao grupo, preferia fazê-lo de forma presencial. Era visível que ele preferia visualizar as soluções.

João Caramuru começou a observar as diferenças dos quatro integrantes do grupo, e passou a estudá-las para ver se conseguia manter os quatro num nível de "Zapp Adequado" para a realização da segunda fase do trabalho.

Nessa mesma tarde, enquanto analisava sua equipe, João recebeu a resposta de Beth para Martinho:

De: Beth

Para: Grupo "Rei Cliente"

Martinho, compreendo que este seja o ponto fundamental de nosso grupo. É importante ampliar nossas análises sobre a rebimboca da parafuseta. Mas sugiro manter a reunião virtual semanal, nesta segunda-feira, como previsto, mesmo que você prefira nossos encontros pessoais. Aqui pela "net" temos outras vantagens, como por exemplo: veja a planilha que anexei com os dados dos últimos três meses e com as causas principais identificadas pelos clientes sobre a lingüeta automática.

Você não acha que é sempre mais produtivo quando apresentamos nossas opiniões através de fatos e dados concretos? Pela "net" tenho certeza de que todos podem estudar os números antes de darmos nossas opiniões sobre o assunto. O que você acha?

Sem ter tempo para dar sua opinião, João percebeu que essa "conversa virtual" tinha contagiado todo o grupo. A mensagem da Beth foi reforçada pela da Filipa, logo em seguida:

> *De: Filipa*
> *Para: Grupo "Rei Cliente"*
>
> *Martinho e Beth, vocês sabem que eu estou de acordo com a análise das causas de problemas com a lingüeta automática.*
>
> *Tenho apenas um comentário sobre a sensação do Martinho: talvez o mais importante não seja a maneira como vamos fazer a reunião, mas sim a forma com que cada um de nós vai contribuir com as possíveis soluções.*
>
> *Eu me sinto mais motivada quando debatemos sobre as possíveis soluções em um ambiente organizado e estruturado, não é mesmo?*
>
> *A última reunião presencial que fizemos foi bastante, desculpem a minha franqueza, desorganizada. Acho melhor manter o cronograma. Grata, Filipa.*

Pronto, lá estava a confusão formada!

João se sentia responsável por solucionar essa diferença de pontos de vista dos integrantes do grupo.

Uma coisa interessante: e o Dan... será que ele não se tinha dado conta das últimas mensagens, ou não estava recebendo comunicações? Bem, ele nem sempre respondia imediatamente, pois seu processo era mais espontâneo e fluía conforme seu estado motivacional (João já havia notado claramente isso).

Quatro pessoas diferentes, quatro profissionais competentes, mas com visões diferentes sobre o mesmo fato. Repentinamente, João recebe uma mensagem do Dan:

De: Dan

Para: Grupo "Rei Cliente"

Meus colegas de grupo, Martinho, Filipa e Beth, acho que este não é um ponto relevante agora.

Mas penso que devemos entender a solicitação do Martinho, não acham?

Ah, só uma observação: achei a nossa última reunião presencial a melhor que tivemos até hoje!

Exatamente porque ela foi desorganizada, criando oportunidades para que a nossa criatividade pudesse vir à tona.

Eu acredito que nossa equipe precisa sair do quadrado, para poder propor soluções fora do convencional. O que vocês pensam a respeito disso?

Capítulo 6 | **CRIANDO MOTIVAÇÃO ATRAVÉS DE DIFERENTES ESTILOS**

João Caramuru gosta de pesquisar temas novos e de desafios. Diante dessa situação, vendo os integrantes da equipe com diferentes entendimentos sobre a dinâmica de trabalho em equipe, procurou relacionar fatos e comportamentos em cada um deles.

E, logo na semana seguinte, decidiu marcar uma reunião presencial com os quatro integrantes. Além disso, decidiu utilizar a metade inicial da reunião presencial para um relaxado debate sobre as forças de cada um dos quatro. Para estimular isso, apresentou uma lista com características observáveis de cada um deles.

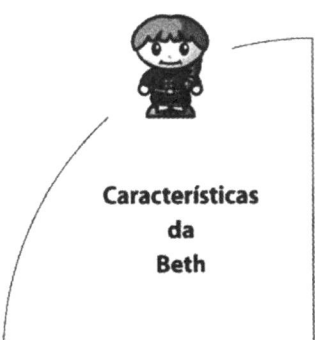

Características da Beth

- Prefere valorizar dados, números e gosta de saber dos fatos.
- Geralmente, dá informações claras e precisas, baseadas na lógica.
- É direta e objetiva, e gosta de ser assertiva.
- Sempre apresenta idéias bem articuladas apresentadas em formato lógico.
- Gosta de basear suas conclusões em gráficos e esquemas
- Prefere lidar com aspectos técnicos do trabalho.
- Sente-se "zappeada" quando conhece previamente os objetivos e as metas.

- Busca o envolvimento com as outras pessoas.
- Quer perceber que as pessoas sentem consideração por suas necessidades.
- É voltado para um bom relacionamento pessoal.
- Gosta do contato olho no olho.
- Fica "Zappeado" quando há um clima mais informal.
- Procura saber o que os outros pensam.
- Quer que os sentimentos dos outros sejam respeitados.
- E deseja que todos recebam a mesma consideração.

Características do Martinho

- Fica "Zappeado" quando cria soluções e pensa de forma global.
- Prefere os relatórios e os materiais com bom suporte visual.
- Gosta de objetivos de longo prazo.
- Busca sempre uma visão geral, uma estrutura conceitual para as coisas.
- Prefere as tarefas desafiadoras e espontâneas.
- Gosta de expor várias idéias (às vezes ao mesmo tempo).
- Também gosta de liberdade para expor idéias e possibilidades.
- Durante os encontros, sempre dá exemplos metafóricos.
- Está sempre ligado com a estratégia, com o cenário geral.

Características do Dan

Características da Filipa

- Seu lema é organização e planejamento.
- Fica "Zappeada" quando as apresentações são feitas passo a passo.
- Controla o cronograma e faz o plano de ação por escrito.
- Está sempre acompanhando o andamento das tarefas.
- É bastante confiável e conservadora.
- Gosta de procedimentos bem definidos.
- Prefere receber explicações detalhadas e organizadas por tópicos.
- Gosta de dar referências e dados históricos.

Assim que João terminou de apresentar as características de cada um, percebeu que o grupo estava muito bem, contente, tanto é que recebeu alguns elogios – um verdadeiro "Zapp".

Todos estavam impressionados com a sua capacidade de retratá-los e identificar seus pontos fortes.

São essas características diferentes, próprias de cada um dos integrantes da equipe, que contribuem, positivamente, para que o grupo consiga alcançar seus objetivos, cada um a seu jeito. O debate fluiu muito bem, com todos trocando idéias e falando sobre suas características, dando exemplos e enriquecendo as informações.

Uma mensagem clara foi colocada por João logo no início: não existe uma só característica que seja mais importante do que as demais.

> **O segredo de um time bem-sucedido, bem "zappeado", é saber valorizar e dar espaço para cada um desses comportamentos, ou competências, no momento certo, sem desqualificar os demais, pois eles serão importantes em um outro momento.**

Martinho, entusiasmado e "zappeado", logo foi mostrando sua capacidade de valorizar tanto os seus sentimentos quanto os dos outros e disse: *"Agora, entendi que temos que utilizar todos os recursos de que dispomos. Se somos diferentes, isso poderá ser muito positivo para que o nosso grupo alcance os objetivos, nem que, para isso, eu tenha que trabalhar bem, tanto presencialmente quanto à distância, pois sei que a integração dessas diferentes características é que vai dar mais qualidade e diversidade ao nosso trabalho. Obrigado!"*

Beth e Filipa ficaram bem curiosas para saber como João pudera organizar tão claramente as características de todos. Elas queriam saber que técnica fora utilizada para identificá-las. Dan, usando suas "competências estratégicas", começou logo a propor idéias para que o grupo pudesse potencializar essas características.

João retomou o comando da reunião e propôs que, durante toda a próxima semana, eles se dedicassem a um exercício prático sobre as características: cada um faria uma lista de ações, comportamentos ou preferências, que caracterizasse seus próprios estilos de trabalho. Com esse exercício, eles poderiam trocar informações a respeito de cada um dos integrantes, passando a aumentar o conhecimento do próprio grupo sobre si mesmos.

Foi a melhor reunião do Grupo "Rei Cliente". Beth, Filipa, Dan e Martinho passaram a entender melhor as diferentes características de cada um, sem preconceitos, proporcionando melhores clima e entrosamento. João Caramuru, como líder do grupo, percebera, na hora certa, como criar novos mecanismos motivacionais, aumentando o nível de "Zapp" do grupo.

Nas duas semanas seguintes, o grupo trabalhou muito bem, energizado, "zappeado"!

João continuou com suas observações, orientando o grupo em cada uma das etapas do projeto voltada para o atendimento das necessidades dos clientes que utilizam a área de assistência técnica dos normaladores.

Com a sua transferência para Virtualópolis, João havia desenvolvido seu interesse pelo tema "diversidade e motivação".

Aliás, todas as pessoas que são desafiadas com novas responsabilidades no seu trabalho sempre descobrem como fazer coisas iguais de formas diferentes. Isso aumenta resultados e quebra paradigmas – com João isso também foi assim!

No programa de treinamento que realizara, aprendeu como o processo motivacional se dá e como ele pode ser entendido a partir de dois grandes vetores: a motivação interna e a motivação externa.

Em uma de suas mensagens para o grupo, decidiu compartilhar alguns conhecimentos adquiridos sobre o tema:

> *Caros colegas do Grupo "Rei Cliente":*
>
> *Desde nossa última reunião, onde conversamos sobre as características de cada um de vocês, estive pesquisando sobre o tema "motivação", um dos mais estudados e debatidos na prática organizacional. Gostaria que todos guardassem essa definição: Motivação é a ação ou o efeito de motivar, é a geração de causas, motivos, sentidos ou razões para que uma pessoa seja mais feliz e efetiva em suas relações. É o processo que gera estímulos e interesses para a vida das pessoas e estimula comportamentos e ações. É o mecanismo que justifica, explica, estimula, caracteriza e antecipa fatos. É um determinado conjunto de motivos que gera um conseqüente conjunto de ações (motivo + ação = motivação).*

João sabia que não estava somente passando conhecimentos para sua equipe (como um verdadeiro "líder educador"), estava, também, criando as bases para uma nova forma de trabalho em grupo: um processo de liderança que amplia a motivação de todos – a LIDERANÇA MOTIVACIONAL.

> *Quando realizamos as tarefas planejadas por nós mesmos, para que nosso grupo obtenha o resultado, estamos unindo, na prática, nossos motivos e nossas ações. Como cada um de nós possui características diferentes e percebe as tarefas e os desafios de formas diferenciadas, podemos ampliar nossos resultados se utilizarmos essa diversidade como apoio para aumentar nossa criatividade.*
>
> *Como equipe, todos nós sabemos que a motivação é vital na dinâmica entre as pessoas, por isso ela é vital no dia-a-dia do grupo "Rei Cliente", pois influencia diretamente na eficácia das nossas relações.*
>
> *Por isso, pergunto a todos vocês: já prepararam seus comportamentos para compartilhar com os demais integrantes do grupo? Quando conhecermos e compartilharmos nossos comportamentos e nossas preferências uns com os outros, vamos aumentar nosso conhecimento grupal e criar condições de usar essas diferenças positivamente no nosso ambiente de trabalho.*

João, a partir daquele momento, estava dando um enorme passo na descoberta de um novo "Zapp" – o processo de motivação mais completo e que ele passou a chamar de: **Liderança Motivacional**

A partir daí, as pessoas da Normal lideradas por João nunca mais foram as mesmas... elas potencializaram suas características e conseguiram uma harmonia no ambiente de trabalho que aumentou seus resultados e, principalmente, sua felicidade e sua motivação!

PARTE II

Capítulo 7 | A DOMINÂNCIA CEREBRAL

Podemos fazer muitas interpretações da fábula que acabamos de ler.

João, em sua trajetória para liderar e motivar seus quatro liderados, aprendeu que cada integrante de sua equipe tinha preferências e comportamentos distintos.

Essa diversidade pode se tornar a chave principal para a obtenção de resultados superiores em uma equipe, ou, quando não utilizada adequadamente, pode ser o início do fim de uma equipe...

Ele não só pesquisou alguns programas de treinamento em alguns modelos de liderança, como também participou de alguns deles, além de utilizar a principal competência de um líder, no que diz respeito à gestão estratégica de recursos humanos: a percepção.

Ele aprendeu, observando o comportamento de seus liderados ao longo do projeto "Rei Cliente", a formalizar uma metodologia que denominou de LIDERANÇA MOTIVACIONAL.

Mas como esse modelo funciona?

Ele é baseado na integração de dois grandes conceitos sobre a motivação humana e seus comportamentos observáveis: a "Dominância Cerebral" e a "Liderança Situacional".

Neste capítulo, vamos entender como a "Dominância Cerebral" funciona e como ela pode ser aplicada no seu grupo de trabalho – para que você também possa obter os mesmos resultados que o João obteve com sua equipe.

Ao longo da fábula, descobrimos que os quatro liderados possuem dominâncias cerebrais distintas, caracterizados por quatro quadrantes (Analítico, Experimental, Controlador e Relacional). Veja Figura 7.1.

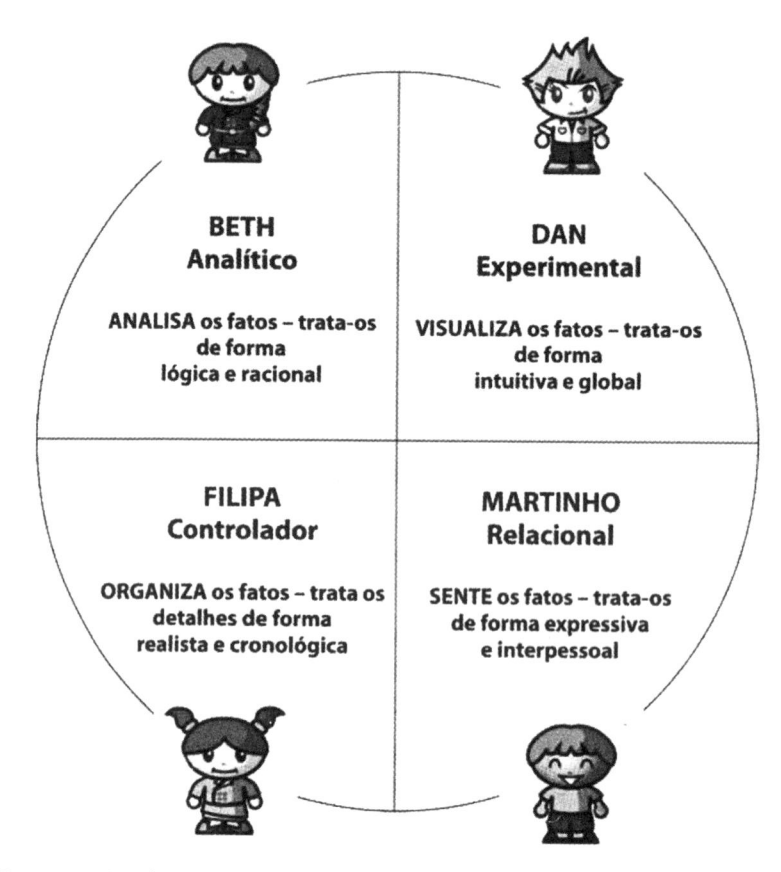

BETH Analítico ANALISA os fatos – trata-os de forma lógica e racional	**DAN** Experimental VISUALIZA os fatos – trata-os de forma intuitiva e global
FILIPA Controlador ORGANIZA os fatos – trata os detalhes de forma realista e cronológica	**MARTINHO** Relacional SENTE os fatos – trata-os de forma expressiva e interpessoal

Figura 7.1: Quadrantes da dominância cerebral e os quatro personagens da fábula.

A dominância cerebral é uma metáfora do cérebro e trata-se de uma fusão das preferências de pensamento dos dois sistemas pensantes: o límbico e o neocórtex. Todo o lado esquerdo se relaciona com as nossas habilidades racionais, e, o lado direito, com as nossas habilidades ligadas à emoção.

a) **Características do Analítico
(quadrante Superior Esquerdo)
O quadrante da BETH**

Analisa, quantifica; é lógico, crítico e realista. Gosta de números, entende de dinheiro, sabe como as coisas funcionam. Gosta de trabalhar sozinho, realizar tarefas, aplicar fórmulas, analisar dados, lidar com aspectos mecânicos, lidar com aspectos financeiros, montar as coisas, fazer algo funcionar, resolver problemas difíceis, ser desafiado, fazer análise e diagnóstico, explicar, esclarecer questões, fazer análise de viabilidade, processar logicamente os fatos reais.

B) Características do Controlador
(quadrante Inferior Esquerdo)
O quadrante da FILIPA

Toma providências; estabelece procedimentos; faz acontecer; é confiável, arrumado e pontual; planeja; organiza. Gosta de cumprir o cronograma, construir coisas, estar no controle, aprecia um ambiente organizado; é conservador; gosta de fazer tarefas burocráticas, colocar ordem nas coisas, planejar, estabilizar, dar manutenção. Dá muita atenção aos detalhes, gosta de tarefas estruturadas, dá apoio, administra, gosta de segurança.

C) Características do Relacional
(quadrante Inferior Direito)
O quadrante do MARTINHO

É curioso, brinca, é sensível com os outros, gosta de ensinar, toca muito as pessoas, gosta de apoiar, é expressivo e emocional, fala muito. Gosta de fazer com que as pessoas trabalhem juntas, é bastante voltado para aspectos de comunicação, gosta de resolver questões ligadas aos clientes, expressa idéias, desenvolve relacionamentos. É dedicado a atividades de grupo, como ensinar ou ministrar treinamento, ouvir e falar, trabalhar com pessoas. Acha importante fazer parte de uma equipe, convencer as pessoas, perceber o ambiente; é expressivo, gosta de ajudar os outros, gosta de trabalhar em sociedade.

D) Características do Experimental
(quadrante Superior Direito)
O quadrante do DAN

Sintetiza, adivinha, imagina, especula, corre riscos, é impetuoso, quebra regras, gosta de surpresas. Gosta de arriscar-se, inventar soluções, desenvolver uma visão, ter variedade, fazer projetos, causar mudanças, fazer experiências.

Adora vender idéias, desenvolver novidades, ver o quadro geral, ter muito espaço, integrar idéias, lidar com o futuro, enxergar o fim desde o começo; é muito visual.

Um Pouco de História

O modelo Dominância Cerebral é o resultado de várias pesquisas conduzidas por Ned Herrmann nos Estados Unidos ao longo de vinte anos.

Este foi um dos resultados mais interessantes de minhas viagens de pesquisa e desenvolvimento a vários países do mundo: conheci pessoalmente o trabalho de Ned Herrmann antes de seu falecimento, em congressos da ASTD. Pesquisando e aprendendo sobre sua obra, e aplicando a metodologia da dominância cerebral ao longo de dez anos, compreendi que ela pode ser determinante no processo de motivação de uma equipe.

Por exemplo, posso enumerar alguns trabalhos internacionais, como o programa de Team Building que realizei para 120 profissionais da Ford aqui no Brasil e em Detroit, durante o Projeto Amazon, e outras aplicações igualmente interessantes, como programas de T&D para o Bradesco (com vários temas sobre vendas, negociação e liderança), o Programa de Desenvolvimento de Lideranças da AES Eletropaulo (que envolveu cerca de 450 executivos da alta administração) e o projeto de Gestão Estratégica e Governança Corporativa para a diretoria da Nazca, ao longo de oito anos.

Nesses projetos, eu, juntamente com a equipe da MOT, pude perceber que o modelo da dominância cerebral se constitui numa poderosa ferramenta para entender o comportamento humano. Além disso, possibilita desenvolvimento de competências, programas de *feedback* e mudança de comportamento.

Temos utilizado esse modelo há alguns anos, e o resultado é realmente impressionante por sua praticidade e simplicidade, bem como pela enorme capacidade de entendimento e utilização por parte dos membros das equipes. Em organizações como Ford, Bradesco, Avon e TAM, o modelo metafórico da Dominância Cerebral nos deu uma base útil e válida para determinar as preferências no estilo de pensamento das pessoas e planejar de modo concreto a maximização das relações inter e intra-equipes.

Como se trata de um modelo metafórico, e não clínico, podemos utilizá-lo para aplicações determinadas, incluindo projetos de desenvolvimento organizacional de equipes e programas de desenvolvimento da liderança.

Ned Herrmann desenvolveu a teoria tendo por base os vetores internos e externos da motivação e a capacidade de percepção e classificação dos processos mentais em quatro grandes quadrantes.

Tudo começou quando ele realizava trabalhos ligados ao desenvolvimento de carreira e à elaboração de programas de treinamento na GE americana e passou a fazer relações entre as diversas teorias de lateralidade cerebral. Para pesquisar e comprovar estilos e preferências, ele analisou diversos estudos feitos a partir de eletroencefalogramas de várias pessoas que respondiam a uma bateria de testes psicológicos. A atividade elétrica dos hemisférios cerebrais foi medida colocando eletrodos no couro cabeludo. Os dados foram suficientes para a interpretação de que existem quatro grandes estilos de pensamento.

O cérebro humano possui duas metades ligadas por um tipo de tecido conectivo especializado (o corpo caloso).

Esse é o tecido que foi separado nas famosas operações de secção cerebral realizadas nos anos 60 por Roger Sperry, Joseph Bogen e Michael Gazzanaga. (Essas operações foram a última tentativa de resolver o que era considerado epilepsia intratável.)

Também na década de 50, Paul MacLean criou o Modelo da Tríade Cerebral, alocando as funções especializadas do cérebro com base na evolução humana. Segundo MacLean, o cérebro humano desenvolveu-se, seqüencialmente, como cérebro reptiliano (mais primitivo), depois veio o sistema límbico (mais "animal", sede das emoções), que, posteriormente, foi recoberto pelo neocórtex (parte mais recente do cérebro).

Em nosso cérebro, existem apenas quatro córtices capazes de pensar: as duas metades dos hemisférios cerebrais (neocórtex) e as duas metades do sistema límbico. Esses dois pares de estruturas são bastante diferentes entre si.

O hemisfério esquerdo difere do direito em tamanho, forma e gravidade específica, e as metades esquerda e direita do sistema límbico apresentam diferenças semelhantes.

Esses conjuntos de pares de córtices são tão assimétricos quanto nossas mãos, nossos pés ou nossos olhos. Como a dominância de uma estrutura sobre seu par se desenvolve pelas experiências de vida e pelo grau de utilização, a intensidade dessa dominância se torna evidente à medida que o indivíduo vai experimentando a vida.

A porção límbica do cérebro é uma estrutura relativamente pequena e complicada, dividida em duas metades, interligadas e acondicionadas dentro de cada um dos hemisférios cerebrais. Ao observar um cérebro de verdade, não é possível vê-la, nem mesmo quando ele é aberto ao meio. Fica aparente apenas quando se disseca o cérebro. Atualmente, as técnicas de modelos por computador fornecem uma confirmação visual do sistema límbico: uma estrutura cerebral acondicionada entre a porção inferior dos dois hemisférios cerebrais.

Embora um tanto primitivo quando comparado ao neocórtex, o córtex límbico é neural, sináptico e, portanto, capaz de pensar da mesma forma que seu primo cerebral, o neocórtex.

Ned Herrmann reuniu os estudos dos dois mais conhecidos pesquisadores desse tema, MacLean e Sperry, e propôs uma combinação de elementos das duas teorias para formar um modelo de quatro partes representando os quatro quadrantes cerebrais, denominados "dominância cerebral".

O modelo de quatro quadrantes serve como princípio organizador do funcionamento do cérebro: quatro estilos de pensar representando metaforicamente as duas metades do córtex cerebral (Sperry) e as duas metades do sistema límbico (MacLean).

Vamos exemplificar: imagine as partes pensantes do cérebro como quatro pequenos tabuleiros de xadrez, com os bispos em um tabuleiro, os cavalos no segundo, as torres no terceiro e o rei e a rainha no quarto. Os peões estão, igualmente, distribuídos entre os tabuleiros.

Os córtices dos dois hemisférios cerebrais representam um par de tabuleiros de xadrez e os córtices das duas metades do sistema límbico representam o outro par. Da mesma forma que cada um dos quatro córtices é especializado de maneira diferente, as peças do jogo de xadrez também ficam distribuídas de acordo com os quatro domínios especializados.

Para jogar xadrez, é necessário utilizar todas as peças de todos os tabuleiros. Através de milhões de interligações, nosso cérebro vai criando caminhos para que ocorram conexões entre os diferentes quadrantes.

É claro que as quatro partes pensantes do cérebro, funcionando juntas, são infinitamente mais complexas do que qualquer jogo idealizado pelo homem. Mas essa metáfora serve para que possamos compreender a fundamentação do modelo.

Desenvolver um processo de desenvolvimento motivacional, por meio de liderança motivacional, significa gerar estímulos sofisticados para que as pessoas relacionem motivação ao desenvolvimento de seu conhecimento, em que o trabalho intelectual será cada vez mais predominante – organizações e pessoas estarão mais envolvidas na identificação das expectativas dos outros. Desenvolver talentos, nos próximos anos, dependerá, fundamentalmente, dessa capacidade do líder de perceber as características de seus liderados e trabalhar para harmonizá-las.

Dominância Cerebral e a Motivação Humana

Sabemos que a motivação humana depende de dois vetores essenciais: o interno e o externo.

A motivação interna é o conjunto de fatores intrínsecos que "movem" o indivíduo e que o mantém disposto e feliz, permitindo sua evolução e seu senso de desenvolvimento. A capacidade de automotivação permite que o ser humano lide, realisticamente, com as pulsões básicas do seu inconsciente e também aja como mediador entre esses impulsos básicos e as exigências da realidade externa. Esse vetor da motivação depende, quase que exclusivamente, do próprio liderado. Dessa forma, o próprio indivíduo fixa uma série de normas que definem a flexibilidade dos seus comportamentos, fazendo com que ele aprenda e crie condições para mudar seus comportamentos futuros.

Por mais que um ambiente possa gerar elementos externos de ampliação da motivação, o vetor interno é o que, efetivamente, vai alimentar a alma desse mesmo indivíduo e fará com que ele possua plena satisfação sobre sua vida. Os líderes devem saber que pouco podem fazer nesse caso, mas não podem ignorar a importância da automotivação.

Já a motivação externa é caracterizada pelo conjunto de elementos ambientais que geram estímulos e interesses para a vida das pessoas, criando causas, motivos, sentidos ou razões para que o grupo seja mais feliz.

O líder que souber perceber esses estímulos, conseguirá obter a plenitude de estado motivacional de alta intensidade, que levará a resultados maiores. A dominância cerebral é a primeira parte deste mecanismo de percepção.

Em nosso dia-a-dia, muitos dos conflitos existentes decorrem da falta de sensibilidade emocional e da falta de entendimento do que uma pessoa realmente quer fazer ou dizer, já que isso depende de sua dominância cerebral.

O líder que souber não apenas identificar sua própria dominância, mas também identificar a dominância de seu liderado, conseguirá exercer um processo de liderança mais adequado às necessidades desse liderado. Quando ele utiliza esse modelo juntamente com a Liderança Situacional, consegue resultados altamente potencializadores. A Liderança Situacional será apresentada na terceira parte deste livro. A LIDERANCA MOTIVACIONAL é a combinação desses dois modelos.

Para exemplificar os comportamentos de cada um dos quadrantes da dominância cerebral, vamos fazer uma pequena comparação com pessoas de dominâncias diferentes diante da compra de um automóvel.

Superior Esquerdo – Analítico

Antes de tomar uma decisão acerca da compra de um automóvel o analítico quer verificar dados e estatísticas sobre o desempenho do veículo, preocupa-se com o consumo de combustível, com o custo do veículo e com seu valor de revenda. Costuma fazer comparações com carros de outras marcas, verificando a facilidade de manutenção e o custo de peças de reposição. Vai querer saber como funcionam todos os dispositivos opcionais, observar a potência final e a capacidade de fazer manobras precisas. Pode ser até que nem seja influenciado por um atendimento ruim por parte da concessionária, pois vai dar mais valor ao que suas análises estão lhe indicando.

Inferior Esquerdo – Controlador

Antes de decidir se compra ou não o automóvel, o controlador se organiza e procura, com método, a concessionária com condições mais interessantes. Durante a procura, vai se informar sobre os equipamentos de segurança, a durabilidade e a praticidade do modelo, anotando e comparando alguns parâmetros, como, por exemplo, tamanho, número de portas, volume do porta-malas, pintura, acessórios, abertura interna do porta-malas e capacidade do tanque. Além disso, fará uma avaliação organizada das vantagens e das desvantagens, incluindo requisitos de manutenção.

Inferior Direito – Relacional

Antes de decidir pela compra do carro, o relacional vai procurar sentir quanto aquele modelo combina com seu estilo de vida. A "sensação" que terá ao dirigir o carro e o conforto de todos os passageiros são itens importantes. A cor será um parâmetro decisivo. Vai procurar uma opção que permita controles de fácil utilização. Na realidade, ele quer "amar" o carro: sua decisão será bastante influenciada pela simpatia do vendedor e pela qualidade da prestação de serviços. Ouve os outros, "sabe" que é a escolha certa e compra com base na recomendação de amigos.

Superior Direito – Experimental

    Antes de decidir se compra o automóvel ou não, o experimental vai observar as características ousadas e revolucionárias do modelo, incluindo as qualidades estéticas: esportividade, cor, forma, tecnologia moderna.

    Ele imagina como será sua vida ao dirigir o veículo e, por isso, quer que ele se encaixe em seus sonhos e em seu projeto de vida. Sabe que o carro será um reflexo de sua imagem pessoal, de seus planos de longo prazo. Quando entra em uma concessionária, está mais disposto a experimentar e correr algum risco, geralmente escolhendo o modelo mais novo, mais moderno, que ninguém ainda se aventurou a comprar.

    Parte do sucesso que você vai obter depois que conhecer sua dominância cerebral será decorrente de sua capacidade de equilibrar a utilização dos quatro quadrantes. Lembre-se de que, há anos, a humanidade dá valor às habilidades do nosso lado esquerdo (Analítico-Controlador), por meio do QI.

    Mas, além de valorizar as habilidades desses dois quadrantes, você deve exercitar seu potencial do lado direito (Experimental- Relacional).

    O primeiro passo para o equilíbrio é o conhecimento das diferenças e das características de cada quadrante. É preciso respeitar e valorizar as diferenças.

Tabela 7.1 – Diferenças básicas entre os quadrantes do cérebro

	Analítico	Controlador	Relacional	Experimental
	SE	IE	ID	SD
Características	Lógico Concreto Racional Crítico Analítico Quantitativo Autoritário Matemático	Leituras técnicas Coleta de dados Conservador Controlador Seqüencial Expressivo Dominante Detalhista	Musical Espiritual Simbólico Falante Emotivo Intuitivo (em relação a pessoas) Leitor (pessoal)	Intuitivo (em relação a soluções) Simultâneo Criativo Sintético Global Artístico Espacial
Ênfase	Dados e fatos	Detalhe e método	Sensibilidade e relacionamento	Criatividade e visão global

Cuidado com os Estereótipos

De fato, os quatro quadrantes possuem características diferentes, quase antagônicas. Na realidade, tais diferenças enriquecem o relacionamento humano, fazendo com que pessoas diferentes possam compreender e identificar situações diferentemente – gerando benefícios para ambas. Sempre que o diálogo é saudável e as diferenças se constituem em um fator de enriquecimento, as características antagônicas e dicotômicas de cada quadrante enriquecem a relação, fazendo com que as pessoas possam compreender perspectivas diferenciadas para uma mesma situação.

No entanto, nem sempre é isso que ocorre.

Caso o ambiente e as pessoas inseridas nele não valorizem a diversidade, ela pode ser usada para estigmatizar pessoas com dominância cerebral de quadrantes antagônicos. Nesse caso, há o perigo de que as características diferentes sejam interpretadas como estereótipos. Por isso, é importante tomar cuidado para que haja respeito pelas diferenças, interpretando tais diferenças como aspectos a serem aprendidos, e não como estereótipos de comportamentos inadequados.

Para cada um dos quatro quadrantes existem estereótipos que são, infelizmente, comuns – e que devem ser evitados.

Estereótipos mais comuns, usados de forma inadequada, para caracterizar o analítico

"... é uma pessoa viciada em números"

"... parece que tem sede de poder"

"... é uma pessoa fria, calculista"

"... insensível"

"... não se mistura com os outros"

"... está sempre sozinho"

Estereótipos mais comuns, usados de forma inadequada, para caracterizar o controlador

"... muito exigente e inseguro"

"... não decide nada sozinho"

"... sem imaginação"

"... é uma pessoa muito bitolada, chata"

"... esforçado"

"... organizado demais, certinho"

Estereótipos mais comuns, usados de forma inadequada, para caracterizar o relacional

"... tem um coração mole"

"... fala demais"

"... ultra-sensível"

"... ingênuo, fácil de convencer"

"... só pensa na emoção"

"... um pouco tolo"

"... coloca sentimento em tudo que faz"

Estereótipos mais comuns, usados de forma inadequada, para caracterizar o experimental

"... um pouco inconseqüente"

"... não sabe se concentrar"

"... um pouco irrealista"

"... maluco, parece que sonha demais"

"... desorganizado, sem disciplina"

"... vive no mundo da lua"

Tais estereótipos, num ambiente saudável e que valoriza a diversidade, devem ser evitados a todo custo, pois não levarão a relações enriquecedoras. As diferenças devem servir de estímulo e motivação para agregar ângulos que não conhecemos em relação a uma mesma situação, e não servir de argumento para o desentendimento e o preconceito.

Usando as Diferenças para Solucionar Problemas

Durante o processo de resolução de um problema, seguimos um fluxo de quatro etapas, percorrendo nossos quadrantes cerebrais.

O primeiro passo na resolução de um problema evidencia-se pelo processo analítico que fazemos. Após a fase inicial de análise, passamos à segunda fase utilizando nosso meridiano superior direito, "experimentando" todas as soluções possíveis para o problema. Depois de levantarmos as opções possíveis, entramos na terceira etapa, em que nos valemos de nossa dominância controladora para verificar, de forma organizada e cronológica, as opções realmente viáveis. A quarta etapa é caracterizada por nossa capacidade de implementar a solução escolhida, em que utilizamos as habilidades de nosso meridiano relacional.

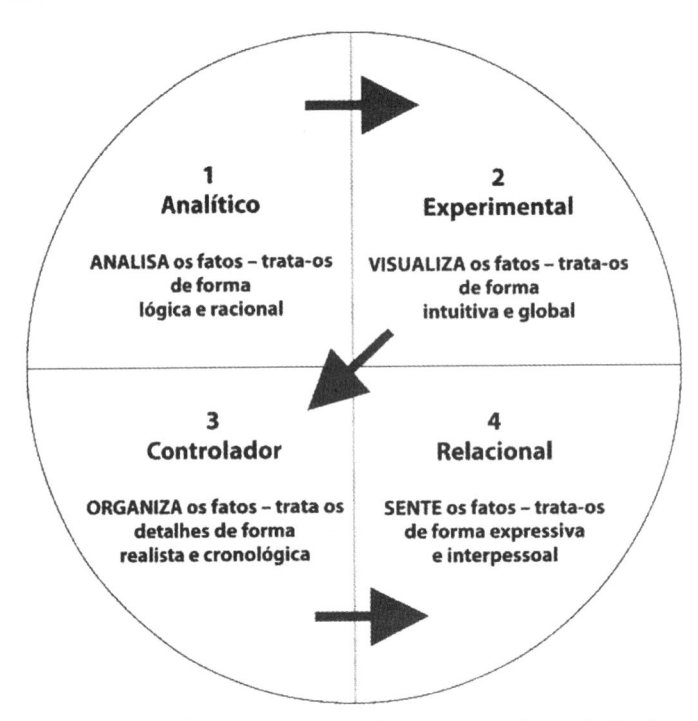

1 Analítico
ANALISA os fatos – trata-os de forma lógica e racional

2 Experimental
VISUALIZA os fatos – trata-os de forma intuitiva e global

3 Controlador
ORGANIZA os fatos – trata os detalhes de forma realista e cronológica

4 Relacional
SENTE os fatos – trata-os de forma expressiva e interpessoal

Figura 7.2: Quadrantes da dominância cerebral e o processo de resolução de problemas.

O mais interessante é que o processo de resolução de problemas alterna a utilização dos lados direito e esquerdo do cérebro, fazendo com que a criatividade seja maior nas pessoas ou nos grupos que conseguem executar melhor a transição entre os quatro meridianos.

Geralmente, é muito interessante adquirir um novo ponto de vista sobre um problema, enxergando-o com uma nova maneira de pensar, através das pessoas que nos cercam e que possuem outra dominância cerebral, diferente da nossa. Pergunte a você mesmo: "Como seria meu problema visto por alguém do quadrante Superior Esquerdo?", "Inferior Esquerdo?" etc.

Veja quais são as novas idéias que você pode obter "girando em torno" de seu problema.

Meu problema é...:

A) SUPERIOR ESQUERDO
Uma visão analítica, lógica, racional, de "resultados"?

B) INFERIOR ESQUERDO
Uma visão organizada, detalhada, cronológica?

C) INFERIOR DIREITO
Uma visão interpessoal, emocional, "humana"?

D) SUPERIOR DIREITO
Uma visão intuitiva, conceitual, visual, do "contexto geral"?

Como Valorizar as Diferenças – Relacionamento Interpessoal

Tendemos a nos relacionar melhor com pessoas cuja dominância seja igual à nossa. Por exemplo, um analítico costuma trabalhar melhor com outro analítico. Mas as pessoas de dominância próxima à nossa também serão razoavelmente bem vistas por nós. Alguém com dominância analítica, por exemplo, terá certa facilidade de integração com experimentais e controladores (os quadrantes vizinhos).

Tabela 7.2 – Diferenças no relacionamento interpessoal

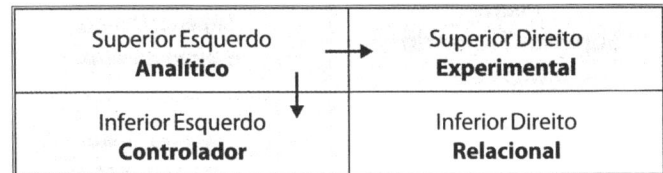

Superior Esquerdo **Analítico**	Superior Direito **Experimental**
Inferior Esquerdo **Controlador**	Inferior Direito **Relacional**

Temos maiores dificuldades com pessoas com dominância oposta à nossa, isto é, Analíticos/Relacionais e Controladores/Experimentais.

Tabela 7.3 – Quadrantes com os quais temos maiores dificuldades

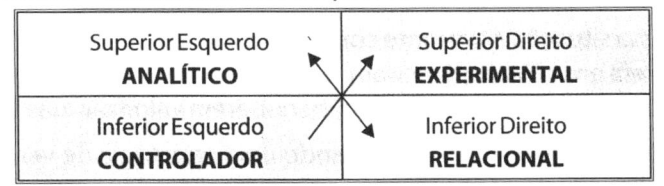

Superior Esquerdo **ANALÍTICO**	Superior Direito **EXPERIMENTAL**
Inferior Esquerdo **CONTROLADOR**	Inferior Direito **RELACIONAL**

Pessoas com estilos de pensamento totalmente diferentes, muitas vezes, têm dificuldade de se entender. Por outro lado, pessoas com estilos de pensamento muito parecidos, freqüentemente, tornam-se competitivas entre si.

O que acontece é que, embora os estilos de pensamento sejam nominalmente bastante semelhantes, existem algumas pequenas diferenças de preferência que podem ser suficientes para que a pessoa A tenha uma percepção levemente diferente de uma dada situação quando comparada à pessoa B, por exemplo.

Essa percepção um pouco diferente pode levar um dos dois a dizer: "Nós enxergamos o assunto mais ou menos da mesma forma, mas meu jeito é melhor do que o seu".

Vamos dar um exemplo: imagine duas pessoas com estilos de pensamento fortemente racionais, Jorge e Pedro. Estão na mesma equipe para resolver um problema.

Jorge valoriza questões lógicas, pois seu quadrante dominante é o Inferior Esquerdo (Controlador). Já Pedro valoriza questões analíticas, muito parecidas com as de Jorge, porém diferentes em alguns aspectos – seu quadrante é o Superior Esquerdo (Analítico).

Tabela 7.4 – Exemplo de duas pessoas com dominância racional

Pedro Superior Esquerdo **ANALÍTICO**	Superior Direito **EXPERIMENTAL**
Jorge Inferior Esquerdo **CONTROLADOR**	Inferior Direito **RELACIONAL**

Ambos seguem uma conduta racional, mas, em função das diferentes preferências, desenvolveram prioridades distintas. Portanto, gostam de valorizar diferentes formas de atuação – muito similares, porém diversas.

Essa situação é bastante comum em equipes: as pessoas devem fazer uma tarefa em comum, precisam trocar experiências e opiniões a respeito, mas podem entrar em conflito se não souberem valorizar suas diferenças.

Pedro e Jorge estão preparando uma estratégia de vendas para o ano seguinte e precisam avaliar o desempenho de cada cliente. Jorge, o engenheiro de vendas, diz que o cliente comprou 500 unidades do mesmo produto, todos os anos, nos últimos três anos. Sua opinião é que a projeção deve ser de, no mínimo, 500 unidades para o próximo ano.

Pedro, o engenheiro interno de suporte de vendas, concorda inicialmente com a análise de Jorge. No entanto, argumenta que os pedidos foram feitos em momentos distintos, com a maioria concentrada nos segundo e quarto trimestres, o que afeta o ciclo de produção.

Ele diz ao seu colega que está preocupado com o fato de que o cliente pode não fazer qualquer pedido nos demais trimestres, o que pode ter efeito negativo sobre os resultados no final do exercício.

Jorge contra-argumenta com a lógica de um histórico de três anos. Pedro responde dizendo que sua análise revelou um padrão de compra que pode afetar futuros negócios. Os dois lutam para chegar a um consenso num assunto em que ambos estão parcialmente corretos.

Porém, imagine que, no momento da troca de idéias, quando os dois estão utilizando as habilidades dos dois quadrantes do lado esquerdo do cérebro, eles recebam a contribuição de mais duas pessoas com dominâncias opostas: Flávio e Ana.

Tabela 7.5 – Exemplo de uma equipe com pessoas que preferem quatro dominâncias distintas

Pedro	**Ana**
Superior Esquerdo	Superior Direito
ANALÍTICO	**EXPERIMENTAL**
Jorge	**Flávio**
Inferior Esquerdo	Inferior Direito
CONTROLADOR	**RELACIONAL**

Ana possui preferências características do quadrante Superior Direito (Experimental) e Flávio prefere questões ligadas ao quadrante Inferior Direito (Relacional). Se ambos começarem a trocar idéias com seus colegas, a tendência inicial será a seguinte: Flávio deverá discordar da visão muito "fria" e analítica de Pedro e lembrar que o importante é considerar aspectos de marketing de relacionamento com o cliente. Já Ana poderá discordar de Jorge quanto aos aspectos ligados à sua forma lógica e "bitolada" de avaliar a estratégia de vendas para o cliente.

As diferenças didáticas de nosso exemplo servem para ilustrar o que toda equipe deve saber fazer muito bem para obter sucesso: se Flávio e

Ana entram na discussão, desqualificando seus colegas com termos como "frio" e "bitolado", a possibilidade de um acordo diminui. Ao contrário, se esta for uma equipe de trabalho bem-sucedida, eles farão o máximo para explorar as habilidades complementares que todos possuem.

À medida que trabalham em suas soluções individuais para um problema, os membros de uma equipe podem tornar-se bastante competitivos sobre qual é a melhor abordagem. É bem provável que tanto a abordagem lógica quanto a analítica, relacional ou experimental sejam válidas para chegar a uma solução, mas, muitas vezes, as pessoas com preferências diferentes (principalmente opostas, como analíticas/relacionais e controladores/experimentais) tendem a ser competitivas quanto àquela que preferem.

Uma constatação interessante que fizemos ao trabalhar e aprender com várias equipes é que os quadrantes do lado direito e límbico são menos suscetíveis à competição. Isso acontece porque as pessoas que preferem esses quadrantes parecem competir consigo mesmas, e não com os outros. Também tendem a ter uma abordagem mais suave e dar mais atenção a seus relacionamentos. Por outro lado, os estilos de pensamento cognitivos são mais ríspidos e assertivos e menos preocupados com relacionamentos interpessoais.

IMPACTO DA DOMINÂNCIA CEREBRAL NA COMUNICAÇÃO

Comunicação entre pessoas com a dominância no mesmo quadrante: *fluxo de comunicação tranqüilo e "mesma sintonia". Mas pode ser competitivo e tribal!*

Comunicação entre pessoas com a dominância em quadrantes do mesmo lado (os dois são do lado esquerdo ou do lado direito): *fluxo de comunicação muito bom, com preferências por assuntos racionais ou emocionais. Mas pode ser competitivo!*

Comunicação entre pessoas com a dominância em quadrantes neocorticais ou límbicos (os dois são superiores ou inferiores): *fluxo de comunicação que agrega valor, tem sinergia. Mas as diferenças de estilo podem representar um desafio, às vezes levando a uma falsa sensação de entendimento!*

Comunicação entre pessoas com a dominância em quadrantes diagonalmente opostos: *fluxo de comunicação complementar, com várias oportunidades de aprendizado mútuo. Mas pode ser conflitante!*

Imagine duas pessoas com preferência dominante dupla nos quadrantes Analítico (Superior Esquerdo) e Experimental (Superior Direito). Só que uma delas possui inclinação para o pensamento racional (ênfase no lado esquerdo), ao passo que a outra se inclina mais para o lado direito. Em seu trabalho, atuam claramente na mesma linha (preferências cerebrais nos quadrantes superiores – Analítico e Experimental), mas uma enxerga um caminho mais curto para chegar à solução. Aquele com preferências racionais (Superior Esquerdo) propõe que seja feita, como primeiro de um problema do que a outra.

Esse tipo de competição pode ocorrer em pesquisas científicas ou em um laboratório de pesquisa e desenvolvimento, por exemplo.

Dois físicos de pesquisa e desenvolvimento que compartilham um perfil Superior Esquerdo/Superior Direito estão trabalhando juntos no projeto de uma tela de TV mais plana.

Aquele com preferências racionais (Superior Esquerdo) propõe que seja feita, como primeiro passo, uma pesquisa sobre todos os projetos de tela conhecidos. Isso seria o mais lógico.

Já para o físico com preferências experimentais (Superior Direito), seria muito mais interessante mexer com as diferentes combinações de telas existentes para determinar qual foi o critério que mais contribuiu para deixá-las planas. Essa seria a forma mais interessante e criativa de iniciar a tarefa. Eles discutem qual abordagem produzirá resultados mais depressa. De novo, ambos estão parcialmente corretos, mas um acredita que sua abordagem seja a melhor.

Os dois compõem uma equipe de trabalho, que poderá ser bem-sucedida ou não, dependendo da forma com que ambos lidam com suas diferenças.

Para colocar mais emoção nessa situação hipotética, que tal imaginar a contribuição que um Controlador (de preferência no quadrante Inferior Esquerdo) poderia dar? Ela iria contribuir ou só "bitolar" a criatividade de ambos?

A resposta é clara: depende, unicamente, do talento dos três para valorizar as diferentes (mas importantes) visões do mesmo assunto. Isso é o que chamamos de usar a dominância cerebral para criar equipes virtuais com resultados acima da média.

Nosso objetivo, ao citar esses exemplos, não é sugerir que a competição entre estilos de pensamento seja ruim.

Na realidade, abordagens competitivas podem conduzir a decisões mais acertadas e a melhores soluções, mas temos de tomar cuidado para que estilos de pensamento semelhantes (mas não exatamente iguais) não levem a equipe de trabalho a uma intensa competição, sem resultados, chegando a um desgaste insensato.

Pesquisando o comportamento das pessoas que atuam em equipes, chegamos a quadros-resumo das características que cada preferência determina.

PONTOS FORTES DE CADA QUADRANTE

Todos nós utilizamos os quatro quadrantes, mesmo que tenhamos uma preferência. Veja os pontos fortes de cada quadrante neste quadro-resumo (Tabela 7.6) que elaboramos com nossas pesquisas.

Quais são as técnicas de comunicação com o ANALÍTICO – SE?

- Ao comunicar-se com um Analítico, controle seus gestos e seu entusiasmo vocal.
- Não se aproxime muito e não toque nele.
- Utilize gestos comedidos e de pequenas amplitude e velocidade, exclusivamente para reforçar e ilustrar visualmente fatos e dados.
- Utilize expressões ou termos típicos do vocabulário do Analítico: "examine", "analise", "os fatos", "os dados", "a realidade", "as provas"... e evite expressões ou termos do vocabulário Experimental: "imagine", "suponha", "adivinhe", "as hipóteses", "as idéias", "as possibilidades"... e, principalmente, do vocabulário do Relacional: "sinta", "confie", "acredite", "as emoções", "o prazer", "os sentimentos"...
- Escolha as melhores palavras e construa frases, sentenças e orações em linguagem correta e ordem lógica.
- Fique atento às palavras e às frases ditas por seu interlocutor e ao seu sentido lógico. Trate de entender bem as razões e os pontos de vista dele.
- Recolha e anote, antes de qualquer entrevista com um Analítico, o maior número possível de informação documentada e utilize apresentações mistas (diga e mostre).

Tabela 7.6 – Pontos fortes de cada quadrante

Superior Esquerdo	Inferior Esquerdo	Inferior Direito	Superior Direito
• Coleta de fatos	• Detecção de falhas não notadas	• Reconhecimento de dificuldades interpessoais	• Boa percepção das possibilidades e de sinais de mudança
• Análise de questões	• Abordagem prática dos problemas	• Previsão de como os outros se sentirão	• Ótima visão do "quadro geral"
• Discussão racional	• Manutenção de padrão de consistência	• Compreensão intuitiva de como os outros se sentem	• Reconhecimento de novas possibilidades
• Mensuração com precisão	• Manutenção de posição firme nas questões	• Percepção das dicas não-verbais de estresse interpessoal	• Tolerância a ambigüidades
• Resolução lógica de problemas	• Liderança e supervisão estáveis	• Geração de entusiasmo	• Integração de idéias e conceitos
• Análise financeira e tomada de decisão	• Leitura de letras miúdas em documentos e contratos	• Persuasão, conciliação	• Desafio de políticas estabelecidas
• Compreensão de elementos técnicos	• Organização e acompanhamento de dados	• Ensino	• Síntese de elementos diferentes em um todo novo
• Análise crítica	• Desenvolvimento de planos e procedimentos detalhados	• Compartilhamento	• Invenção de soluções inovadoras para problemas
• Trabalho com números, estatísticas, dados e fatos	• Articulação ordenada de planos	• Compreensão de elementos emocionais	• Resolução de problemas de forma intuitiva
• Trabalho em silêncio	• Manutenção de registros financeiros em dia	• Consideração de valores pessoais	• Processamento simultâneo de diversas informações
• Valorização de conclusões baseadas em fatos		• Valorização do envolvimento das pessoas e do trabalho em conjunto	• Visão voltada para o futuro
• Observação cuidadosa de dados e tomada de decisões precisas e livres de emoção		• Boa percepção dos sinais dos outros	
• Atenção e discrição com projetos confidenciais			

Liderança Motivacional

Quais são as técnicas de comunicação com o CONTROLADOR – IE ?

- Ao se comunicar com um Controlador, utilize seu corpo para transmitir idéias, com movimentos específicos para ilustrar e "desenhar" sua exposição, evitando gesticulação inútil e potencialmente ameaçadora.
- Mostre tudo o que puder ser mostrado, com gráficos e tabelas, seqüências, quadros sinóticos etc.
- Utilize expressões ou termos típicos do vocabulário Controlador: "veja", "olhe bem", "fique atento", "a organização", "a seqüência", "a disciplina"... e evite expressões ou termos do vocabulário Relacional: "confie", "não se preocupe", "tranqüilo", "calmo", "imagine", "suponha", "ouse", "divertido", "criativo"...
- Planeje bem a seqüência da argumentação, começando pelas premissas e chegando às conclusões conseqüentes.
- Encare seu interlocutor durante a entrevista. Peça que ele explique e mostre as coisas.
- Prepare, antes de qualquer entrevista com um Controlador, demonstrações e exposições claras, ilustrações, gráficos etc.

Quais são as técnicas de comunicação com o RELACIONAL–ID ?

- Ao se comunicar com um Relacional solte seu corpo e revele seus sentimentos.
- Aproxime-se de seu interlocutor e toque-o.
- Explore sua voz: ritmo, velocidade, timbre e modulação.
- Utilize termos típicos do vocabulário Relacional: "sinta", "confie", "impressões", "emoções", "sentimentos" e evite termos do vocabulário Controlador: "veja", "olhe" e, principalmente, do Analítico: "examine", "analise, "provas".
- Ouça bastante e incentive-o a falar e a gesticular, não se afastando ou manifestando tensão se ele se aproximar de você ou imitar seus gestos.
- Procure saber e anote, antes de qualquer entrevista com um Relacional, quais são os seus sentimentos, seus interesses e suas convicções. Procure "associar-se" com aqueles interesses que possam ser comuns com os seus para estabelecer "vínculos pessoais" durante a conversação.

Quais são as técnicas de comunicação com o EXPERIMENTAL – SD?

- Use sua voz mais do que seu corpo para comunicar-se com um Experimental e coloque ênfase verbal em sua afirmações.
- Utilize expressões ou termos típicos do vocabulário Experimental: "ouça", "imagine", "suponha", "as idéias", "as possibilidades", "intuição" e evite expressões ou termos do vocabulário Analítico e, principalmente, do Organizacional.
- Não tente fazer com que ele olhe para você ou para as coisas que você quer mostrar, se ele não o fizer espontaneamente.
- Ouça, atentamente, o que ele diz, com expressão pensativa e anotando mais as inflexões e a ênfase do que as palavras em si.
- Relacione e anote, antes de qualquer entrevista com um Experimental, as várias alternativas de abordagem e respostas para o assunto a ser discutido e esteja aberto para outras especulações durante a entrevista. Dê preferência a apresentações verbais (diga mais do que mostre).

CARACTERÍSTICAS NO TRABALHO EM EQUIPE

Tabela 7.7 – Características no trabalho em equipe dos quadrantes analítico e experimental

Analítico (SE)	Experimental (SD)
Age de forma analítica, não emocional	Age pensando no assunto
Espera	Espera
Dados e fatos concretos	Uma visão geral
Informações breves, claras e precisas	Uma estrutura conceitual
Materiais diretos e objetivos	Tarefas freqüentes e espontâneas
Idéias bem articuladas apresentadas em formato lógico	Várias idéias
Gráficos com base em dados e fatos	Liberdade para explorar possibilidades
Lidar com precisão técnica	Exemplos metafóricos
Conhecer objetivos e metas organizacionais	Material visual
	Objetivos de longo prazo
	Ligação com o cenário geral

Continua

Tabela 7.7 – Características no trabalho em equipe dos quadrantes analítico e experimental (Continuação)

Analítico (SE)	Experimental (SD)
Gosta de	**Gosta de**
Análise crítica Um bom debate Utilizar o tempo de forma inteligente Fatos e dados precisos	Iniciativa e imaginação Experiências Novidades e uma abordagem "divertida" Poucos detalhes (visão global) Conceitos
Pergunta clássica	**Pergunta clássica**
"O que vamos fazer?"	"Por que vamos fazer?"

CARACTERÍSTICAS NO TRABALHO EM EQUIPE

Tabela 7.8 – Características no trabalho em equipe dos quadrantes controlador e relacional

Controlador (IE)	Relacional (ID)
Age de forma cuidadosa	Age de forma espontânea
Espera	**Espera**
Organização e planejamento Apresentação passo a passo do assunto Cronograma e plano de ação por escrito Acompanhamento completo das tarefas Comportamento confiável Procedimentos bem definidos Garantia de que isso já foi feito antes Explicação de como será feito Referências e dados históricos	Empatia e envolvimento com os outros Consideração por suas necessidades Boa postura e bom relacionamento pessoal Contato olho no olho Toque pessoal e informalidade Saber como "os olhos vão reagir" Que os sentimentos dos outros sejam respeitados Que todos recebam a mesma consideração
Gosta de	**Gosta de**
Risco baixo Comunicação por escrito antes da reunião Prova de que a "lição de casa" foi minuciosa Compromissos com hora marcada Limpeza e pontualidade	Toque pessoal Sensibilidade aos sentimentos Discussão em grupo e consenso Abordagem harmoniosa Sentir entusiasmo Muita motivação Valorizar a emoção e a vitória
Pergunta clássica	**Pergunta clássica**
"Como vamos fazer?"	"Quem vai fazer?"

ESTILOS

Tabela 7.9 – Estilos de atuação de cada um dos quadrantes

Superior Esquerdo Analítico	Inferior Esquerdo Controlador	Inferior Direito Relacional	Superior Direito Experimental
• Intelectual • Baseado em fatos • Controlado • Acadêmico • Quantitativo • Movido por resultados • Teórico • Lógico • Racional • Gosta do concreto	• Concreto • Movido por tarefas • Tradicional • Organizado • Seqüencial • Segue procedimentos • Metódico • Pontual • Gosta de orientação	• Instintivo • Movido por sentimentos • Humanista • Emocional • Expressivo • Interpessoal • Intuitivo com as pessoas • Gosta de dar opiniões	• Empírico • Futurista • Movido por oportunidades • Visual • Conceitual • Simultâneo • Experimental • Gosta de lidar com as possibilidades
É importante	É importante	É importante	É importante
Quantificar Analisar Teorizar Usar a lógica Concretizar	Organizar Colocar em ordem Avaliar Praticar Conservar	Compartilhar Internalizar Movimentar Sentir Envolver	Explorar Descobrir Conceitualizar Sintetizar Inovar

FORMAS DE APRENDIZADO

Tabela 7.10 – Formas de aprendizado dos quatro quadrantes

Analítico	Controlador	Relacional	Experimental
TEORIZA Lógico Analítico Teórico Quantitativo	ESTRUTURA Seqüencial Organizado Avaliador Preparado	COMPARTILHA Sinestésico Emocional Sente Percebe	DESCOBRE Sintético Explorador Conceitual Experimental

Liderança Motivacional

ESTILOS DE APRENDIZAGEM

Tabela 7.11 – Estilos de aprendizagem dos quadrantes analítico e experimental

Analítico (SE)	Experimental (SD)
Claro, conciso, densidade de conteúdo	Atividades livres, agenda aberta
Quando aprende, gosta de:	**Quando aprende, gosta de:**
Obter e quantificar fatos Aplicar análise lógica Pensar sobre as idéias Elaborar teorias Criticar Ler Verificar a procedência dos fatos	Usar a intuição Explorar possibilidades ocultas Sonhar acordado, brincar Usar imaginação Enxergar o quadro geral, fazer a síntese Clima informal, tomar a iniciativa Conceitualizar, fazer descobertas
Prefere aprender a partir de:	**Prefere aprender a partir de:**
Estudo de discussões de casos financeiros/técnicos Leitura de livros e bibliografias Fontes de especialistas e referências Palestra formal Conteúdo baseado em dados Exercícios analíticos	Materiais visuais, estética, experiências Discussões de caso orientadas para o futuro Discussões de grupo espontâneas Manifestações das diferenças Exercícios de experiências Exemplos metafóricos Experimentação, pauta flexível

Tabela 7.12 – Estilos de aprendizagem dos quadrantes controlados e relacional

Controlador	Relacional
Orientado, organizado	Compartilhamento e interação com os outros
Quando aprende, gosta de	**Quando aprende, gosta de**
Conteúdo e pauta organizados e estruturados Fluxo de informações passo a passo (gradual) Avaliar e testar teorias Adquirir habilidades pela prática Verificar seu atendimento Orientações claras	Integrar experiências com o *self* Ouvir e compartilhar idéias Confiar em intuições Internalizar o conteúdo Envolvimento emocional Experiências práticas

Continua

Tabela 7.12 – Estilos de aprendizagem dos quadrantes controlados e relacional (Continuação)

Controlador	Relacional
Prefere aprender a partir de	**Prefere aprender a partir de**
Discussões de casos técnicos	Troca de idéias entre pessoas
Estudo da organização das coisas	Dinâmicas e trabalhos em grupo
Discussão estruturada conduzida pelo apresentador	Demonstrações
	Movimento sensorial
Atividades que reforçam o conteúdo	Simulações e dramatizações
Atividades seqüenciais bem planejadas	Histórias
Métodos tradicionais comprovados	Música
Leitura de livros-texto	

FRUSTRAÇÕES NA APRENDIZAGEM

Tabela 7.13 – Frustrações na aprendizagem dos quadrantes analítico e experimental

Analítico (SE)	Experimental (SD)
Ensino desarticulado, que não segue rumo certo	Repetição
	Ritmo muito lento
Excesso de bate-papo nas discussões de grupo	Acontecimentos previsíveis, estruturados demais
Instruções ou abordagens vagas, ambíguas	Só textos
Conteúdo aparentemente sem lógica	Falta de materiais visuais
Uso ineficiente do tempo	Ausência de senso de humor e diversão
Falta de fatos ou dados para fundamentar os pontos a serem aprendidos	Inflexibilidade
	Falta de estrutura conceitual
Discussão aberta de sentimentos pessoais	Detalhes demais
Impressão de não saber a resposta certa	Números demais
Falta de oportunidade para desafiar	Falta de visão geral
Falta de base teórica óbvia	Nenhuma ligação com outras abordagens ou outros conceitos
Falta de provas quantitativas ou números	
Falta de clareza	Falta de oportunidade para espontaneidade
Pauta flexível demais	Nenhuma oportunidade para ser criativo
	Muitos detalhes nos exercícios

Tabela 7.14 – Frustrações na aprendizagem dos quadrantes controlador e relacional

Controlador (IE)	Relacional (ID)
Desconhecimento ou falta de uma pauta clara	Falta de participação
Desorganização dos materiais	Falta de contato olho no olho
Falhas de seqüência – pular de um assunto para outro	Abordagem ou exemplos impessoais
	Interações frias, sem entusiasmo
Clima fora de controle	Falta de movimento
Terminar tarde	Ausência de música
Mudança da pauta no meio do caminho	Nenhum exercício em equipe ou dupla
Acontecimentos imprevisíveis, não estruturados	Falta de aprendizagem prática
	Poucas oportunidades de interação social ou trocas pessoais
Ritmo rápido demais	
Falta de clareza nas instruções	Pouco reconhecimento e elogios para os participantes
Sentenças incompletas	
Falta de fechamento	Nenhum dado sensorial
Falta de tempo para praticar	Clima frio de aprendizagem
	Ambiente desconfortável

Elementos do Processo de Pensamento Estratégico – Cérebro Integral

Tabela 7.15 – Processo de pensamento estratégico

A – Analítico	D – Experimental
Definição de metas	Arriscar-se
Coleta de fatos	Explorar oportunidades, sem descanso
Análise de informações	Ter uma visão de futuro
Entendimento claro de fatos relevantes	Perceber "as possibilidades"
Considerações financeiras	Fazer ligações e sintetizar
Aspectos técnicos	*Insights* de soluções
Análise do impacto do futuro sobre as decisões de hoje	Quadro geral do caminho que se apresenta
B – Controlador	**C – Relacional**
Dividir o quadro geral em pontos-chave de ação	Sentir o ambiente de forma intuitiva, procurando tendências e dicas sobre o futuro
Montar um conjunto seqüencial de passos (ações) na forma de um plano	Escrever cenários
	Comunicação eficaz do plano
Pensar sobre as conseqüências da abordagem	Ganhar crédito, aderência e entusiasmo
	Trabalhar através das questões humanas
Administração e organização do plano	Foco na satisfação e no atendimento aos clientes
Implementação	
Acompanhamento	Vinculação com os valores da organização
Avaliação	

Conclusão

Se o líder e os membros da equipe de trabalho souberem equilibrar sua energia racional e emocional, eles terão chances de realizar um trabalho muito mais participativo, criativo, motivado, com qualidade total.

Quando um grupo e seu líder conhecem bem as características de cada participante desse grupo, as diferenças ou dificuldades poderão tornar-se virtudes.

Se, ao invés de tentarmos passar à fase de nosso interesse, valorizamos as participações daqueles que possuem dominância oposta à nossa, temos um grupo polivalente, com potencial para descobrir e implementar soluções ótimas.

Reserve alguns minutos para você...

Conhecer sua dominância cerebral é muito importante. Mas, se puder desenvolver o quadrante no qual você tem menor preferência (menor pontuação) através de exercícios para desenvolver seu quadrante menos influente, conseguirá ampliar sua desenvoltura e sua aptidão para um melhor relacionamento interpessoal. Veja as sugestões a seguir.

Para desenvolver o seu quadrante ANALÍTICO

Busque observar e valorizar a importância dos fatos e dos dados. Repare nas partes e analise as evidências. Calcule dimensões, meça, busque indicadores que expressem os fatos reais. Elabore relatórios analíticos. Reúna fatos e dados sobre situações observadas, além das razões intuitivas. Participe de jogos lógicos. Aprenda a trabalhar com atividades que dependam da lógica. Valorize recursos tecnológicos. Procure lógica em comportamentos não lógicos. Estude um pouco de Matemática e Álgebra. Procure ver o lado racional das situações.

Para desenvolver o seu quadrante CONTROLADOR

Valorize o detalhe e a organização. Observe a forma das coisas e dos objetos, a posição e os movimentos relativos. Observe o ordenamento ou a seqüência entre as partes. Confira seus extratos bancários. Elabore um orçamento familiar e acompanhe. Acredite no planejamento. Organize suas coisas, suas tarefas, e acompanhe a realização delas, anotando o que já foi feito e o que ainda há por fazer. Faça um inventário completo de seus bens, relacionando-os numa lista. Elabore um cronograma diário de atividades e cumpra. Estude um pouco de contabilidade e gramática.

Para desenvolver o seu quadrante RELACIONAL

Perceba e externalize, sem medos, seu lado emocional. Observe a natureza. Observe a textura, harmonia e plasticidade dos objetos. Se possível, faça um pouco mais de carinho físico nas pessoas das quais você realmente gosta. Agradeça a todos que lhe atenderam. Abrace as pessoas. Conte histórias para seus filhos e amigos. Brinque com seus filhos. Ensine coisas que você sabe. Fale mais, sinta mais. Escute música, leia poesias.

Para desenvolver o seu quadrante EXPERIMENTAL

Trate de acreditar mais na sua intuição. Veja o lado diferente das situações, acredite que exista mais de uma solução para o mesmo problema. Especule a respeito de origem e razão de ser. Olhe para além das aparências. Imagine como alguma coisa poderia ser modificada. Faça exercícios de relaxamento ou de meditação. Visite lugares novos. Arrisque-se fazendo coisas que nunca fez. Leia ficção científica. Medite.

Plano de Desenvolvimento

A seguir, são descritos seis passos para desenvolver um processo de pensamento estratégico de cérebro integral para ampliar sua criatividade e equilibrar as energias racional e emocional.

1. *Defina onde você se encontra atualmente*

Faça uma análise e uma descrição do estado atual com base em dados reais e relevantes. Seja franco: faça considerações sobre o presente e as perspectivas futuras.

2. *Ultrapasse o pensamento convencional*

Nessa fase use técnicas como modelagem criativa tridimensional para mudar a mentalidade voltada para o "hoje". Procure questionar o "pensamento convencional", e volte sua atenção para uma abordagem mais aberta, criativa e orientada para o futuro. Essa mudança é um passo essencial na preparação para a fase seguinte. Sem ela, os resultados se limitam a uma simples projeção da realidade de hoje para o amanhã.

3. *Descubra o alcance das oportunidades, aumentando a visão atual do negócio, ou da situação que pretende ser mudada*

Trate de movimentar-se e ampliar seus pontos de vista e sua visão atual para incluir todos os fatores externos positivos e negativos. A identificação das oportunidades surgirá da nossa capacidade em entender bem o ambiente que nos envolve.

4. *Preveja o futuro*

Procure olhar para a frente, para o futuro. Isto só é possível após os três estágios anteriores, que mudam a mentalidade e abrem o pensamento para perspectivas futuras, novas e diferentes. Imagine que suas idéias podem ser realidade no futuro e que vale a pena prever esse futuro, e como você estará incluído nele.

5. *Crie cenários e uma visão do futuro*

Depois de desenvolver progressivamente as habilidades de pensamento com abertura suficiente para passar para esta fase, veja as possibilidades e oportunidades futuras, que serão, então, exploradas.

6. *Verifique o processo e desenvolva seu plano estratégico*

Aqui, parte-se do futuro e, recuando, a partir do resultado final desejado, obtém-se a base para o desenvolvimento de táticas e implementação do plano estratégico.

IDENTIFICANDO SUA DOMINÂNCIA CEREBRAL

As percepções que temos de nós mesmos são muito importantes: elas nos ajudam a compreender o que fazemos, por que fazemos e o que sentimos antes, durante e depois.

Na verdade, não existe perfil ideal, comportamento certo ou errado, mas insistimos em priorizar as informações que percebemos do mundo exterior em vez de ouvir nossa voz interior.

Utilizando o modelo da dominância cerebral, desenvolvemos o instrumento de diagnóstico apresentado a seguir, que contém quarenta perguntas.

Queremos que você se sinta bem à vontade para respondê-las. Para tanto, procure um local adequado e o momento certo. Se for possível, faça um exercício de concentração antes para que você possa escolher realmente a opção que reflete melhor sua preferência, seu jeito de ser.

Sabemos que nem sempre as respostas são completamente adequadas a você, mas, mesmo assim, não deixe de responder a qualquer uma das perguntas. E não fique pensando muito tempo para responder cada uma delas. Procure escolher a opção que primeiro chamou sua atenção.

Não existem respostas boas ou certas. Escolha somente a alternativa mais próxima de sua realidade.

Mais uma coisa: procure escolher a opção que reflete o que você realmente faz, e não o que você gostaria de fazer.

Você tem características próprias; procure ser feliz sem as máscaras que encobrem suas virtudes únicas.

Uma sugestão: que tal estimular seus colegas de equipe a responder este questionário também?

INSTRUMENTO DE AUTODIAGNÓSTICO

Escolha apenas uma alternativa para cada questão.

1) As outras pessoas geralmente falam que eu:
   a) costumo planejar tudo com antecedência;
   b) costumo participar de tudo com espontaneidade.

2) Para fazer bem algo, é melhor:
   a) trabalhar com concentração e silêncio;
   b) trabalhar em equipe.

3) O que mais gosto é de:
   a) ver o detalhe de cada atividade;
   b) entender logo aonde vou chegar.

4) Eu sou o tipo de pessoa que os outros:
   a) conhecem somente após algum tempo;
   b) conhecem logo.

5) Na maior parte das vezes, prefiro:
   a) deixar as coisas para o último minuto;
   b) fazer antes um detalhado planejamento.

6) Na minha opinião, minhas rotinas:
   a) são difíceis de fazer diariamente, preciso de mudanças;
   b) são muito melhores do que constantes mudanças; preciso de organização.

7) Para tomar uma decisão é muito importante:
   a) verificar como ela vai influir na vida de outras pessoas;
   b) verificar os fatos concretos e analisar os dados.

8) Quando participo de uma reunião com pessoas desconhecidas, prefiro:
   a) observar o comportamento delas e, assim que possível, apresentar minha opinião;
   b) apresentar minha opinião somente se for necessário.

9) Eu gosto de tomar decisões analisando:
   a) o ambiente emocional e suas conseqüências;
   b) a lógica do problema.

10) Quando estou em grupo, prefiro falar:
    a) com uma pessoa de cada vez;
    b) com todas as pessoas de uma vez.

11) As outras pessoas me definem como alguém:
    a) intuitivo;
    b) organizado.

12) É muito gostoso quando planejo meu dia e:
    a) algo novo acontece para me motivar ainda mais;
    b) quase tudo o que planejei acontece.

13) Eu acho que, na maior parte das vezes, prefiro ser levado pela:
    a) razão;
    b) emoção.

14) Acho muito melhor uma pessoa ser elogiada por ser:
    a) muito prática e organizada;
    b) muito criativa e intuitiva.

15) Na maior parte da vida, tenho sido uma pessoa em busca de:
    a) manter a tradição;
    b) correr riscos.

16) Eu me considero uma pessoa:
    a) difícil de conhecer;
    b) fácil de conhecer.

17) É muito importante que eu:
   a) anote minhas idéias passo a passo;
   b) pense primeiro no objetivo final para depois anotar minhas idéias.

18) Geralmente, sou reconhecido pelo grupo como uma pessoa que decide com base:
   a) na lógica das coisas;
   b) na importância e no valor que as coisas têm.

19) É muito chato quando começo a fazer uma atividade e:
   a) nada de novo acontece, deixando-me desestimulado;
   b) tudo o que não estava previsto acontece, deixando-me desestimulado.

20) Eu acho que, na maior parte das vezes, sou mais:
   a) discreto do que outras pessoas, porque penso bem no que devo fazer;
   b) participativo do que outras pessoas porque prefiro fazer o que acho certo.

Para cada par de palavras, marque a que mais reflete seu jeito de ser:

21) a) teórico;   b) prático.

22) a) analítico;   b) sensível.

23) a) confiante;   b) discreto.

24) a) organizado;   b) espontâneo.

25) a) entusiasmado;   b) tímido.

26) a) emotivo;   b) lógico.

27) a) intuitivo;   b) detalhista.

28) a) inovador;   b) organizado.

29) Sou uma pessoa muito mais inclinada a decidir considerando a lógica e os dados do que as emoções e os sentimentos.
   a) certo;
   b) errado.

30) Costumo tomar minhas decisões sem levar em conta que isso vai afetar meus relacionamentos: é mais importante considerar os fatos concretos.
a) quase sempre é assim;
b) quase nunca é assim.

31) Prefiro não acreditar em minha intuição, pois é muito melhor e mais prático perceber o que está acontecendo por meio de dados reais:
a) quase sempre;
b) quase nunca.

32) É preferível observar as pessoas por fatos acontecidos, e não ficar tentando perceber o duplo sentido que está por trás desses fatos:
a) concordo;
b) discordo.

33) Para que eu me sinta bem em um ambiente, basta ser apresentado às pessoas:
a) sim;
b) não.

34) Gosto de pessoas abertas, que vão logo dizendo o que pensam e gostam de ouvir o que tenho a dizer (saio logo dando minha opinião):
a) quase sempre é assim;
b) quase nunca é assim.

35) É muito chato participar de um encontro com pessoas que preferem tudo organizado – é melhor não saber tudo o que vai ser feito e usar a espontaneidade:
a) certo;
b) errado.

36) Adoro fazer coisas de improviso, com criatividade: entro de cabeça mesmo sem saber no que vai dar:
a) muitas vezes é assim;
b) poucas vezes é assim.

37) Imagine a seguinte situação: você tem de comunicar um fato grave a alguém durante uma conversa. É melhor que você:
   a) exponha todos os detalhes do problema de forma ordenada;
   b) vá falando os pontos críticos à medida que ele for perguntando.

38) Se a pessoa ficou triste com o que foi dito, muito provavelmente você vai:
   a) ter certeza de que foi justo e sincero;
   b) procurar imaginar como ela está se sentindo.

39) Nesse caso, é melhor que:
   a) você demonstre seus sentimentos com discrição;
   b) você demonstre, abertamente, seus sentimentos.

40) Se ela começar a desabafar, você prefere valorizar:
   a) as palavras que ela disser, pois vão significar o que ela realmente quer dizer;
   b) o significado que estiver por trás das palavras que ela disser.

Parabéns!

Agora que você concluiu, que tal fazer a tabulação das alternativas escolhidas? Para isso, transfira suas respostas para a Tabela 7.16 a seguir:

Tabela 7.16 – Respostas

DOMINÂNCIA CEREBRAL					
Questão	Opção A	Opção B	Questão	Opção A	Opção B
1	C	E	21	E	C
2	A	R	22	A	R
3	C	E	23	R	A
4	A	R	24	C	E
5	E	C	25	R	A
6	E	C	26	R	A
7	R	A	27	E	C
8	R	A	28	E	C
9	R	A	29	A	R
10	A	R	30	A	R
11	E	C	31	C	E
12	E	C	32	C	E
13	A	R	33	R	A
14	C	E	34	R	A
15	C	E	35	E	C
16	A	R	36	E	C
17	C	E	37	C	E
18	A	R	38	A	R
19	E	C	39	A	R
20	A	R	40	C	E

Agora, conte quantas vezes você marcou as seguintes letras (lembre-se de que o total deve ser igual a 40):

A (Analítico) =	E (Experimental) =
C (Controlador) =	R (Relacional) =

Liderança Motivacional

PARTE III

Capítulo 8 | # LIDERANÇA MOTIVACIONAL

Se voltarmos a lembrar da fábula moderna que lemos na primeira parte deste livro, tornaremos a pensar nos diferentes comportamentos de João e seus liderados. Ele, em sua trajetória para liderar Dan, Filipa, Martinho e Beth, aprendeu que cada integrante de sua equipe tinha preferências e comportamentos distintos. Antes de encarar essa diversidade como um problema, João percebeu que ela podia se tornar a chave principal para a obtenção de resultados positivos em uma equipe.

Percebendo o comportamento de seus liderados ao longo do projeto "Rei Cliente" ele formalizou uma metodologia que denominou de LIDERANÇA MOTIVACIONAL. Ele uniu dois modelos sobre a motivação humana e seus comportamentos observáveis: a "dominância cerebral" e a "liderança situacional".

Na segunda parte deste livro, já entendemos como funciona a "dominância cerebral". Agora, vamos entender como a "liderança situacional" pode ser aplicada como estilo de liderança e como ela pode ser combinada com os quatro quadrantes para que a atuação do líder seja a mais eficaz possível. Aplicando a liderança motivacional no seu dia-a-dia, você também poderá obter melhores resultados com sua equipe.

Um Pouco de História

A expressão "liderança situacional" foi desenvolvida por dois conhecidos pesquisadores americanos, Paul Hersey e Kenneth Blanchard. Esse modelo é reconhecido em todo o mundo e ensinado nas melhores escolas de Administração.

Seu conteúdo básico é público e aparece como parte integrante de diversos livros e artigos pelo mundo afora. No Brasil, esse modelo foi apresentado no livro "Psicologia para Administradores: A Teoria e as Técnicas da Liderança Situacional", publicado pelo EPU em 1986.

Portanto, Paul Hersey e Kenneth Blanchard são os dois autores do modelo de liderança situacional.

Acredito que este seja um dos modelos de liderança mais utilizados e aceitos no mundo, provavelmente pela sua simplicidade e alta aplicabilidade, além da sua comprovada eficácia.

Paul e Ken têm uma vida inteira de atuação e bibliografia nesse tema, e já estimularam inúmeros estudos e teses acadêmicas que comprovam e consolidam a liderança situacional como um modelo prático e bastante eficiente.

Dos dois, Ken é o mais conhecido. Inclusive, escreveu vários livros de sucesso ao longo de 40 anos de vida profissional, como, por exemplo, o *best-seller* "Gerente Minuto".

Tive o privilégio de encontrar com ele em diversos congressos de T&D, principalmente nos mais de 15 anos de participação nos seminários da ASTD, nos quais ele está sempre presente. Em 2004 Blanchard fez até uma apresentação no Fórum Ibero-americano de T&D, que coordenei durante nove anos (juntamente com Marcos Baumgartner) e se constituía como um dos fóruns internacionais no Congresso anual da ASTD, realizado nos Estados Unidos.

Anos depois de fundar sua empresa de consultoria (baseada em San Diego, Califórnia), Blanchard aprimorou e aprofundou o modelo, incluindo o conceito de "desenvolvimento" do liderado e vem aplicando treinamentos de alto impacto em diversas organizações. Este aprofundamento foi registrado sob o título "Liderança Situacional II", e o direito de uso é exclusivo. Internacionalmente, os direitos autorais pertencem à Blanchard Company.

Neste livro estaremos utilizando conceitos básicos da liderança situacional para a compreensão adequada sobre os níveis de maturidade do liderado, citados no livro "Psicologia para Administradores", em várias teses de mestrado e doutorado, e vários livros atuais sobre liderança, que já são considerados de domínio público.

Um Pouco de Conceito

O verdadeiro líder é voltado para as necessidades de sua equipe. Ele sabe que seu papel central é facilitar o trabalho dos liderados, mantendo o foco nos objetivos organizacionais. Ao mesmo tempo em que acompanha, motiva, orienta e desenvolve o grupo, ele deve pensar constantemente no crescimento e no desenvolvimento pessoal da equipe.

O líder deve observar comportamentos e resultados, e saber combinar a percepção em dois pilares centrais – motivação e direcionamento.

A liderança situacional reconhece a existência de dois comportamentos envolvidos na liderança:

a) O comportamento autocrático ou diretivo.

b) O comportamento democrático ou de apoio.

Com isso, ele defende a adoção de quatro estilos de liderança dentro da liderança situacional:

1) Dirigir.

2) Motivar.

3) Compartilhar.

4) Delegar.

A aplicação de cada um dos quatro estilos depende do grau de maturidade da equipe ou do colaborador. Esse ambiente mais motivado também pode ser definido como um ambiente "energizado", que nos leva ao conceito de *empowerment*.

A liderança sob o conceito de *empowerment* foi introduzida por vários escritores e pesquisadores, como William Byham (autor de "Zapp! O Poder do *Empowerment*") e o próprio Blanchard, em "*Empowerment* Leva mais de um Minuto". Eu mesmo, quando escrevi os livros "Energização", "Automotivação" e "Zapp! Em Ação", mostrei como a energização era fundamental para o líder e o liderado.

Podemos dizer que o *empowerment* é um conceito por meio do qual os líderes, gradualmente, transferem às equipes de trabalho a responsabilidade e a autoridade para realizar suas tarefas. Isso gera resultados além do esperado, pois consegue condições essenciais para um desempenho superior.

Empowerment não é dar poder às pessoas, mas, antes, liberar as pessoas para que elas possam fazer uso do poder, dos conhecimentos, das habilidades e da motivação que já têm.

Para que isso ocorra, é necessário que os líderes criem condições favoráveis de aprendizado, ação e decisão para que as pessoas possam fazer uso da autonomia e assumir a iniciativa e a responsabilidade pela coleta e pela análise de dados e pela tomada de decisões. Essa atribuição, nas organizações tradicionais, é quase exclusiva dos líderes.

Para conseguir cumprir esses papéis, o líder, antes voltado simplesmente para a execução das tarefas, passa a desenvolver novas competências (nele e em sua equipe). Elas estimulam o autogerenciamento e, por conseguinte, tornam as equipes autônomas e empreendedoras.

É importante que as culturas organizacionais também busquem uma mudança que permita a prática dessas competências. Afinal é preciso que haja um ambiente favorável para que o líder possa conduzir as pessoas, desenvolvendo suas ações.

Conceitualmente, podemos dizer que os líderes que acentuam o interesse pela *tarefa* são os líderes *autoritários*, que dizem a seus liderados o que devem fazer e como devem fazê-lo.

Por outro lado, os líderes que acentuam o interesse pelas relações humanas são os líderes *democráticos*, não-diretivos, que podem compartilhar suas responsabilidades de liderança com os liderados, fazendo com que estes participem do planejamento e da execução da tarefa.

O modelo da liderança situacional é baseado na inter-relação entre líder e liderado, priorizando as necessidades apresentadas pelo liderado. Além disso, busca o perfeito equilíbrio entre a quantidade de orientação ou direção e a quantidade de apoio socioemocional dado pelo líder. Esse equilíbrio deve ser resultante do que chamamos de nível de maturidade do liderado no desempenho de uma tarefa.

Portanto, a liderança situacional parte do pressuposto de que o melhor estilo de liderança depende da necessidade do liderado, e não do estilo preferido pelo líder. Ou seja, o estilo "ideal" de liderança a ser adotado pelo líder é aquele que se adapta ao nível de maturidade do liderado.

Dentro desse conceito, a liderança eficaz consiste em identificar o "nível de maturidade" em que se encontra o liderado, utilizando um estilo condizente. Devem-se levar em conta as dimensões da tarefa (estruturação) e as relações (apoio socioemocional).

Segundo essa teoria, quanto maior a maturidade do liderado, menor a necessidade do líder em estruturar as tarefas. Inversamente, quanto menor a maturidade do liderado, maior a necessidade de o líder estruturar as tarefas que lhe são confiadas.

Também segundo o modelo, quanto maior a maturidade do liderado, menor a necessidade do líder em apoiá-lo e motivá-lo. Inversamente, quanto menor a maturidade do liderado, maior a necessidade do líder em atuar no processo motivacional, dando o apoio necessitado pelo liderado.

E o que é Maturidade?

Maturidade pode ser definida como "motivação de realização, disposição e capacidade para aceitar responsabilidades, educação e experiência". A maturidade é a combinação entre conseguir realizar uma tarefa (possuir conhecimentos) e querer fazer esta tarefa (estar motivado).

A idade não está, portanto, diretamente ligada à maturidade. Segundo a teoria da liderança situacional, no momento em que o nível de maturidade do subordinado começa a crescer, o comportamento do líder requer menor estruturação da tarefa e maior intensidade no relacionamento humano ou, ainda, pouca estruturação da tarefa e pouco suporte socioemocional para que o liderado apresente os desempenhos desejados.

Para facilitar o entendimento da relação maturidade aos estilos de liderança, imagine que a maturidade, à medida que cresce, muda o estilo de liderança. Se imaginarmos, para exemplificar, uma linha contínua que represente a maturidade do liderado, em três categorias básicas, teríamos: abaixo da média, na média e acima da média.

a) Quando se trabalha com pessoas de maturidade abaixo da média, o estilo de liderança que tem maior probabilidade de sucesso é o estilo altamente voltado para a tarefa (que veremos adiante caracterizado pelo quadrante 1, denominado Dirigir).

b) Ao lidar com pessoas de maturidade média, existirão dois estilos possíveis a serem utilizados pelo líder – o estilo que vai combinar motivação e direção (mais adiante identificado como o do quadrante 2, denominado Motivar) ou ainda o estilo que privilegia o apoio para o liderado (mais adiante identificado como o do quadrante 3, denominado Compartilhar).

c) Grupos ou pessoas com maturidade acima da média requerem um comportamento do líder que é caracterizado pela baixa estruturação da tarefa e pouca preocupação com reforços socioemocionais (que mais adiante veremos como sendo o referido no quadrante 4, denominado Delegar).

Flexibilidade dos Estilos de Liderança

Normalmente, quando realizamos programas de desenvolvimento de lideranças ou atuamos como *coach* de determinados líderes, percebemos que os estilos de liderança variam de líder para líder.

Alguns se concentram em estruturar as atividades dos liderados em termos de realização do trabalho. Outros procuram fornecer um suporte socioemocional para que seu liderado consiga perceber a relevância da tarefa e realize adequadamente as suas atividades.

O mais interessante é que alguns líderes mostram estilos caracterizados pelas duas dimensões: a tarefa e o relacionamento humano.

De acordo com essa teoria da liderança, o líder poderá e deverá mudar de estilo quando verificar mudanças na maturidade de seus liderados.

Portanto, a mensagem prática deste livro é a de questionar qual é o estilo que você está utilizando com seus liderados. Será que está percebendo suas necessidades ou está atuando de acordo com seu estilo primário, com o seu estilo preferido?

O líder moderno, que está interessado em ampliar a motivação de seus liderados, sabe que deve exercitar sua habilidade na flexibilidade dos estilos de liderança.

O líder precisa ser cuidadoso para não delegar responsabilidades a um grupo de liderados (ou a um indivíduo) que não esteja apto a recebê-las.

Dessa maneira, a identificação das necessidades e dos níveis de maturidade do liderado torna-se um processo dinâmico e fundamental para decidir que estilo deve ser usado pelo líder. Este deve adaptar o estilo adequado de liderança ao correspondente grau de maturidade do seu liderado.

Em todos os casos, porém, a passagem do ciclo do quadrante 1 (Dirigir) para os quadrantes 2 (Motivar), 3 (Compartilhar) e 4 (Delegar) deve ser gradativa.

Estilos de Liderança

O que é estilo de liderança?

Estilo de liderança é o conjunto de comportamentos do líder na interação com seu liderado, que se adequa à necessidade específica de seu liderado. É o padrão de comportamento que o líder utiliza para influenciar o seu liderado, percebido por ele, e que lhe dá maior motivação e conforto face às necessidades que tem.

De acordo com a Teoria de Liderança Situacional, existem quatro níveis diferentes de maturidade, que identificam as pessoas em termos de realização de um trabalho específico; todos eles exigem estilos diferentes de liderança. O estilo de liderança de um líder será percebido pelos liderados através de comportamentos que ele apresenta.

Dentro de cada situação de trabalho, pode haver dois tipos básicos de comportamento:

COMPORTAMENTO DIRETIVO *(voltado à tarefa)*

e

COMPORTAMENTO COMPARTILHADO *(voltado às relações)*

O que é comportamento diretivo?

São as ações do líder voltadas para as necessidades da tarefa do seu liderado:

- definir objetivos;
- planejar a tarefa;
- organizar a tarefa;
- ensinar os liderados;
- dirigir seu trabalho;
- controlar seu trabalho.

Quando o líder só atua com comportamentos diretivos, suas ações demonstram preocupação com "o quê", "como", "até quando" e "quanto" fazer, enquanto o liderado praticamente não toma qualquer decisão.

O que é comportamento compartilhado?

São as ações do líder, voltadas para as necessidades motivacionais do liderado:

- confiar nas decisões do liderado;
- ouvi-lo;
- reconhecê-lo;

- pedir suas sugestões;
- aceitar suas sugestões;
- apoiá-lo;
- encorajá-lo;
- desafiá-lo;
- convencê-lo;
- delegar tarefas e decisões.

Quando o líder só atua com comportamentos compartilhados, suas ações demonstram grande confiança na capacidade do liderado de realizar a tarefa, mesmo sem a presença de seu líder.

Podemos dizer, então, que o liderado tem algum poder para decidir sobre a tarefa. Nessas situações, *o líder praticamente só solicita a tarefa e aguarda os resultados no prazo combinado.*

Podemos concluir, então, que basta ao líder:
- dizer ao liderado o que deve ser feito...;
- planejar sua tarefa...;
- organizar sua tarefa...;
- dirigir seu trabalho...;
- avaliar resultados...

Essas atitudes são indicadores de comportamento do líder voltado para as necessidades da tarefa do liderado.

E, por outro lado:
- ouvir o liderado...;
- pedir suas sugestões...;
- aceitar suas sugestões...;
- apoiá-lo...;
- convencê-lo...;
- encorajá-lo...;
- elogiar seu trabalho bem feito...

Essas condutas são indicadores de comportamento do líder voltado para as necessidades do liderado.

Observe, agora, um detalhe muito importante:

Tanto o comportamento DIRETIVO como o de APOIO podem ser ELEVADO (MUITO) ou BAIXO (POUCO).

Isso quer dizer que o líder pode atuar de quatro formas diferentes.

Então, vejamos:

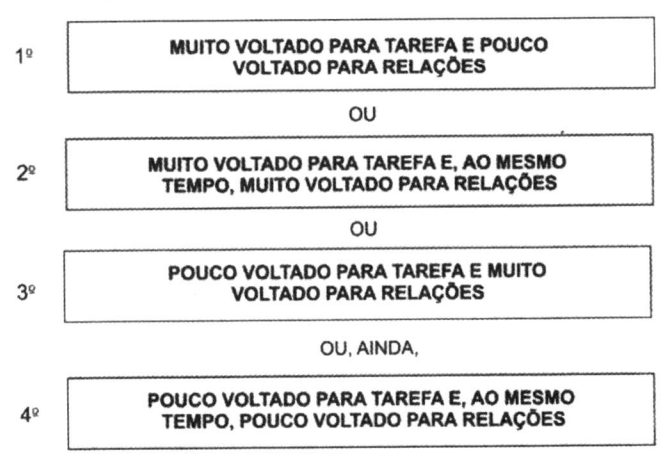

1º — **MUITO VOLTADO PARA TAREFA E POUCO VOLTADO PARA RELAÇÕES**

OU

2º — **MUITO VOLTADO PARA TAREFA E, AO MESMO TEMPO, MUITO VOLTADO PARA RELAÇÕES**

OU

3º — **POUCO VOLTADO PARA TAREFA E MUITO VOLTADO PARA RELAÇÕES**

OU, AINDA,

4º — **POUCO VOLTADO PARA TAREFA E, AO MESMO TEMPO, POUCO VOLTADO PARA RELAÇÕES**

Com base nas duas linhas (*DIREÇÃO e APOIO*), podemos construir a Figura 8.1.

COMPORTAMENTO DE APOIO (100% — MUITO VOLTADO PARA RELAÇÕES; 0% — POUCO VOLTADO PARA RELAÇÕES)

	COMPORTAMENTO DIRETIVO/TAREFA	
	0 — 50% (POUCO VOLTADO PARA TAREFA)	50% — 100% (MUITO VOLTADO PARA TAREFA)
MUITO VOLTADO PARA RELAÇÕES (50%—100%)	**QUADRANTE 3** ESTILO POUCO VOLTADO PARA TAREFA E MUITO VOLTADO PARA RELAÇÕES	**QUADRANTE 2** ESTILO MUITO VOLTADO PARA TAREFA E MUITO VOLTADO PARA RELAÇÕES
POUCO VOLTADO PARA RELAÇÕES (0—50%)	**QUADRANTE 4** ESTILO POUCO VOLTADO PARA TAREFA E POUCO VOLTADO PARA RELAÇÕES	**QUADRANTE 1** ESTILO MUITO VOLTADO PARA TAREFA E POUCO VOLTADO PARA RELAÇÕES

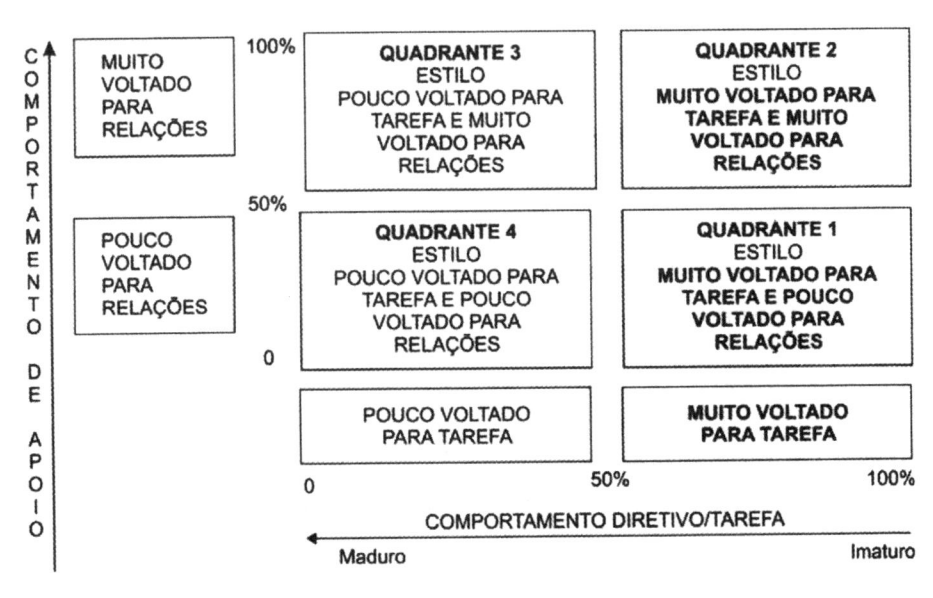

Maduro ←——————————————→ Imaturo

Figura 8.1: Os quatro quadrantes da liderança situacional

Observe que cada quadrante representa um *ESTILO BÁSICO DE LIDERANÇA*.

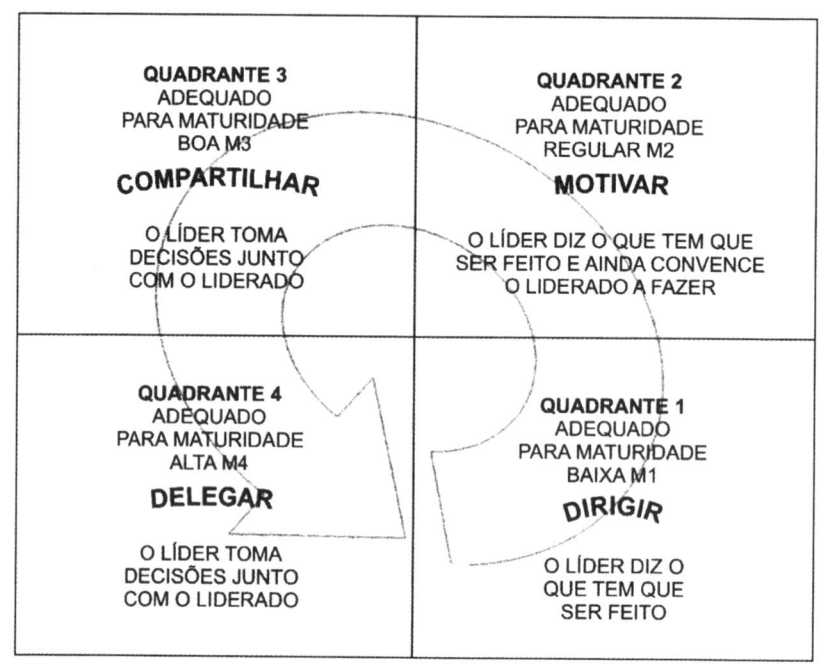

QUADRANTE 3 ADEQUADO PARA MATURIDADE BOA M3 **COMPARTILHAR** O LÍDER TOMA DECISÕES JUNTO COM O LIDERADO	QUADRANTE 2 ADEQUADO PARA MATURIDADE REGULAR M2 **MOTIVAR** O LÍDER DIZ O QUE TEM QUE SER FEITO E AINDA CONVENCE O LIDERADO A FAZER
QUADRANTE 4 ADEQUADO PARA MATURIDADE ALTA M4 **DELEGAR** O LÍDER TOMA DECISÕES JUNTO COM O LIDERADO	QUADRANTE 1 ADEQUADO PARA MATURIDADE BAIXA M1 **DIRIGIR** O LÍDER DIZ O QUE TEM QUE SER FEITO

Fonte: Adaptado de Hersey e Blanchard.
Figura 8.2: Os quatro estilos de liderança segundo o modelo da liderança situacional.

Como Avaliar a Maturidade de um Liderado?

Podemos fazer a avaliação da maturidade de um liderado observando-se os seus comportamentos. A maturidade é dividida em:

1º Querer fazer a tarefa.

2º Poder fazer a tarefa.

QUERER FAZER significa:

- estar motivado;
- ter confiança em si próprio.

PODER FAZER significa:

- conhecer a tarefa;
- ter experiência na tarefa.

A maturidade de um liderado pode variar de acordo com o momento. Então, vejamos:

- a maturidade do liderado pode variar de acordo com a situação;
- a maturidade do liderado pode variar de acordo com a tarefa.

O líder precisa saber, em cada situação, qual é o nível de maturidade de cada um de seus liderados.

Para facilitar o estudo, vamos considerar quatro níveis de maturidade:

- MATURIDADE M1? baixa.
- MATURIDADE M2? regular.
- MATURIDADE M3? boa.
- MATURIDADE M4? alta.

Se o líder sabe qual é o nível de maturidade do liderado, ele saberá como liderá-lo.

Para cada nível de maturidade do liderado, existe um estilo de liderança que é o mais eficaz (Dirigir, Motivar, Compartilhar, Delegar).

O líder deve usar um estilo que seja adequado ao nível de maturidade do liderado. Vejamos, a seguir, algumas situações.

1º) SE O SEU LIDERADO TEM MATURIDADE BAIXA (M1)

O liderado necessita de direção.

Digamos que ele conheça bem a tarefa, tenha pouca experiência e cometa falhas. Então, é muito provável que você, como líder, precise:

- ENSINAR A TAREFA PARA O LIDERADO.
- DIZER A ELE O QUE, QUANTO E QUANDO FAZER.
- DIZER A ELE COMO FAZER A TAREFA.
- PREPARAR MATERIAIS E FERRAMENTAS.
- ORIENTAR E CORRIGIR FALHAS.
- ACOMPANHAR.

Isso significa que suas ações, como líder, estão muito voltadas para a TAREFA e pouco voltadas para as RELAÇÕES. Veja que essa forma de atuar é representada pelo quadrante 1 *(Dirigir)*.

O QUADRANTE 1 É MAIS ADEQUADO QUANDO O LIDERADO TEM MATURIDADE BAIXA (M1)

> **O LIDERADO PRECISA DE DIREÇÃO**

2º) SE O SEU LIDERADO TEM MATURIDADE REGULAR (M2)

O liderado necessita de motivação.

Ele está aprendendo a fazer a tarefa e já não comete tantas falhas e ainda começa a apresentar interesse e/ou iniciativa. Então, é hora de você mudar o seu estilo.

Por que mudar de estilo?

Veja que os comportamentos que ele está apresentando indicam que a maturidade está crescendo. Logo, é muito provável que você, como líder, precise:

- CONTINUAR ORIENTANDO, ACOMPANHANDO ETC.

Mas, principalmente, você deve:

- RECONHECER O PROGRESSO DO LIDERADO.
- ELOGIAR O TRABALHO BEM FEITO.
- CONVENCER O LIDERADO A ASSUMIR A RESPONSABILIDADE DA TAREFA.

Veja que são ações MUITO voltadas para TAREFA e MUITO voltadas para RELAÇÕES, representado pelo quadrante 2, *Motivar*.

> **O QUADRANTE 2 É MAIS ADEQUADO QUANDO O LIDERADO TEM MATURIDADE REGULAR (M2)**

> **O LIDERADO PRECISA DE MOTIVAÇÃO (DIREÇÃO E APOIO)**

3º) SE O SEU LIDERADO TEM MATURIDADE BOA (M3)

O liderado necessita compartilhar.

A partir do momento em que você perceber que o seu liderado aprendeu a fazer muito bem a tarefa, adquiriu experiência e tem interesse, apesar de ainda poder mostrar certo grau de insegurança, é hora de mudar novamente de estilo.

Por que mudar de estilo?

PORQUE VOCÊ NÃO PRECISARÁ MAIS SE PREOCUPAR TANTO COM A DIREÇÃO DELE, MAS DEVE SE PREOCUPAR COM A QUESTÃO MOTIVACIONAL.

Você deve se preocupar mais com as RELAÇÕES, com as questões emocionais, ou seja:

- RECONHECER.
- ELOGIAR.
- OUVIR SUGESTÕES.
- ELEVAR SUA AUTOCONFIANÇA.
- ETC.

Quando o liderado chega a esse nível de maturidade, ele possui um bom conhecimento técnico, mas, ainda assim, necessita de atenção e de orientação de cunho motivacional.

Veja que o liderado pode ajudá-lo a resolver alguns problemas, tomar algumas decisões, perceber que você está utilizando o quadrante 3, *Compartilhar*.

O QUADRANTE 3 É MAIS ADEQUADO QUANDO O LIDERADO TEM MATURIDADE BOA (M3)

O LIDERADO PRECISA QUE O LÍDER DÊ ÊNFASE ÀS RELAÇÕES

4º) SE O SEU LIDERADO TEM MATURIDADE ALTA (M4).

Podemos dizer que um liderado tem maturidade alta M4, quando:

- ELE SABE O QUE TEM QUE SER FEITO.
- ELE SABE FAZER MUITO BEM.
- NÃO PRECISA QUE O LÍDER DIGA.
- ELE TEM INICIATIVA.
- ELE TEM MUITA EXPERIÊNCIA.
- ELE ESTÁ ALTAMENTE MOTIVADO.

Veja que, nesse caso, você não precisa acompanhar o desempenho do liderado passo a passo. Você pode, apenas, passar as tarefas e depois verificar, junto a ele, os resultados. Nesse caso, você utilizará o quadrante 4, *Delegar*.

| **O QUADRANTE 4 É O MAIS ADEQUADO QUANDO O LIDERADO TEM MATURIDADE ALTA (M4)** |

CONCLUSÃO

A liderança situacional parte do pressuposto de que o melhor estilo de liderança depende da necessidade do liderado, e não do estilo preferido pelo líder.

O estilo "ideal" de liderança a ser adotado pelo líder é aquele que se adapta ao nível de maturidade do liderado. Dentro desse conceito, a liderança eficaz consiste em identificar o "nível de maturidade" em que se encontra o liderado, utilizando um estilo condizente. Devem-se levar em conta as dimensões da tarefa (estruturação) e as relações (apoio socioemocional).

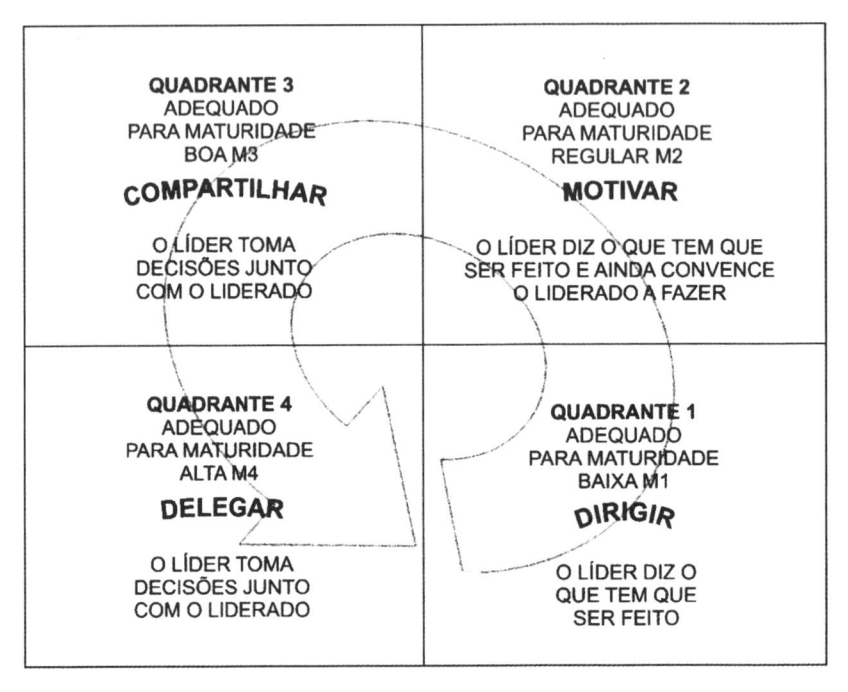

QUADRANTE 3 ADEQUADO PARA MATURIDADE BOA M3 **COMPARTILHAR** O LÍDER TOMA DECISÕES JUNTO COM O LIDERADO	QUADRANTE 2 ADEQUADO PARA MATURIDADE REGULAR M2 **MOTIVAR** O LÍDER DIZ O QUE TEM QUE SER FEITO E AINDA CONVENCE O LIDERADO A FAZER
QUADRANTE 4 ADEQUADO PARA MATURIDADE ALTA M4 **DELEGAR** O LÍDER TOMA DECISÕES JUNTO COM O LIDERADO	QUADRANTE 1 ADEQUADO PARA MATURIDADE BAIXA M1 **DIRIGIR** O LÍDER DIZ O QUE TEM QUE SER FEITO

Fonte: Adaptado de Hersey e Blanchard.
Figura 8.3: Os quatro estilos de liderança segundo o modelo da liderança situacional.

Capítulo 9 | COACHING

Um verdadeiro líder motivacional deve saber realizar um processo de *coaching* com seus liderados, como parte de seu plano de gestão e intervenção. Esse tema já havia sido explorado por mim quando escrevi um capítulo para o livro "Liderança e Motivação", publicado pela ABTD, e escrito em conjunto com consultores da MOT. Nele conceituei o *coaching* e suas características básicas, que devem ser conhecidas pelo gestor para realizá-lo, a fim de garantir a motivação de seus liderados e o atingimento das metas organizacionais.

A palavra *coaching* é utilizada nos cinco continentes e, mesmo em países que não adotam o inglês como idioma oficial, o termo permanece sem uma "tradução" literal e deverá ser cada vez mais aplicado tanto no ambiente profissional quanto no âmbito pessoal.

Mas o que vem a ser *coaching*?

Em primeiro lugar, devemos explicar a origem desse termo, inspirado na área esportiva, a partir de uma função bem especial, a do *coach*. Tanto nos esportes individuais quanto nos coletivos, o *coach* (ou técnico) é responsável por "liderar" o atleta ou a equipe, mostrando como ele ou eles devem realizar uma jogada ou um determinado movimento, seguindo os princípios aceitos para aquela determinada modalidade.

Seu papel é fundamental tanto no processo de treinamento do atleta (ou da equipe) quanto no momento da disputa da prova ou da realização do jogo.

Uma decisão do técnico (ou do *coach*) poderá influenciar o estado de motivação, os comportamentos e o desempenho final do atleta – antes e durante a disputa da modalidade.

A área empresarial ou organizacional adotou esse termo para significar uma ação relevante da liderança (ou de profissionais especialmente contratados) para realizar o processo de *coaching*. O liderado, ou profissional que recebe o *coaching*, é denominado *coachee* – ele é o agente interlocutor do *coach* e deverá perceber, na sua vida diária, os benefícios da interação com o seu *coach*.

É importante destacar que existe uma fundamental diferença entre o *coaching* esportivo e o *coaching* no ambiente organizacional. No primeiro, o *coach* orienta seu *coachee* de tal forma que ele deve seguir as diretrizes apresentadas, moldando seus comportamentos durante um jogo ou uma disputa de acordo com os "conselhos" do *coach*.

Já o segundo parte de um princípio importante, distinto do *coaching* esportivo: não se trata de algo a ser "ensinado", não existe uma técnica "correta" para ser aprendida e utilizada, não existe um que sabe mais do que o outro.

O *coaching* pode ser definido como um processo que visa a fomentar no colaborador o conhecimento de si mesmo e impulsionar o desejo de melhorar seu desempenho ao longo do tempo. Engloba, ainda, a orientação necessária para que a mudança se produza.

Corresponde a atuações do líder norteadas por um valor supremo: ajudar os outros a trilharem o seu próprio caminho de autodesenvolvimento.

Cabe ao líder moderno ajudar cada colaborador a descobrir a forma de expressar melhor os seus talentos, para conseguir desempenhos que lhes tragam motivação e satisfação.

Dois significados do termo *coaching* ajudam a compreender a sua aplicação no mundo das organizações: por um lado, *coach* é o treinador, aquele que ajuda os seus "pupilos" a desenvolverem as suas capacidades. Por outro, é um interlocutor inteligente, maduro, que cria as condições para que o *coachee* possa se autodesenvolver. Poderíamos dizer, até, que se trata de uma filosofia de liderança, que adota a idéia de que o desenvolvimento e a aquisição de novas competências são processos contínuos e da responsabilidade de todos os envolvidos, e não apenas do líder, mas também do liderado (*coach* e *coachee*).

O líder no papel de *coach* deve levar em conta que sua missão central é fazer com que o *coachee* descubra e aprenda como desempenhar melhor sua função. A prática do *coaching* pela liderança, portanto, tende a ser privilegiada nas organizações que possuem um ambiente que valoriza o aprendizado ("organizações que aprendem"), nas quais a responsabilidade pelo desenvolvimento é do indivíduo, embora apoiada, motivada e orientada pela organização através de programas de T&D e universidades corporativas.

Mas, no campo prático, perguntamos: "Como pode atuar um *coach* em relação ao seu colaborador-liderado?"

São várias possibilidades de respostas, porém o mais simples será considerar que existe alguma confusão, nas organizações, sobre o papel do *coach* como líder do *coachee*. Mais à frente, vamos abordar os aspectos relevantes que podem ser adotados quando o *coach* não é o líder do *coachee*.

Recomendamos, fortemente, a preparação adequada do líder, que deve levar em consideração algumas premissas sobre *coaching*.

O *coaching* deve ser um processo formalizado, determinado, com metodologia; deve conter etapas definidas e reconhecidas por ambos, com início, meio e fim. No caso de ser realizado pelo gestor, deve haver uma definição clara (em comum acordo) entre o *coach* (profissional) e o *coachee* (cliente).

Coaching *não é consultoria, nem adoção de uma postura de "gestor" do tempo e da forma como o liderado deve agir para concretizar um objetivo.*

Coaching *é a atitude de realizar diálogos com o* coachee *(cliente) para que ele possa identificar as alternativas e decidir pelo melhor caminho.*

Por isso, o *coaching* deve ser feito em um ambiente maduro, no qual o líder e o liderado (cliente ou *coachee*) possam implementar esse processo de diálogo. Os dois atuarão decisivamente, com metodologia, em que o *coach* apóia o cliente na busca de soluções para realizar metas de curto, médio e longo prazos, através da identificação e do uso das próprias competências desenvolvidas, como também do reconhecimento e da superação de suas fragilidades.

O líder, em seu papel de *coach*, deve levar em consideração que *coaching* é um processo que contribui para que as pessoas se transformem, reflitam a respeito de sua visão de mundo, de seus valores, de suas crenças e aprofundem sua aprendizagem. Ao facilitar esse processo, ele acelera o desenvolvimento dos liderados, que passam a incorporar novas habilidades e competências, ampliam sua prontidão para agir de forma coerente e eficaz, e se tornam capazes de perceber o resultado de suas ações. Podemos frisar que o processo se traduz numa forma de provocação construtiva, de desafio e estímulo para o desenvolvimento e a aprendizagem contínuos.

Portanto, o processo passa, obrigatoriamente, por cuidados que estão ligados às ações que o *coach* deve empreender para garantir que esteja realmente apoiando o seu *coachee*, ou "cliente", na percepção do mundo, de seus valores e de suas crenças. Além de trabalhar na percepção, o *coaching* auxiliará muito o *coachee* nos aspectos ligados ao seu estilo de "aprendizagem", para permitir um aprofundamento na identificação das alternativas possíveis dentro das suas restrições, para enfrentar com sucesso os desafios que possui no presente.

O gestor deve saber a diferença entre *coaching* e alguns outros processos, cada qual com sua metodologia e aplicação. O *Counseling*, o *Mentoring* e a Terapia possuem diferenças claras e devem ser aplicados somente por profissionais devidamente capacitados. *Coaching* NÃO é qualquer um desses outros processos – *Counseling*, *Mentoring* ou Terapia.

Coaching é:

Modelo de interação com o cliente para que ele descubra, por si próprio, as soluções que deve adotar para atingir seus objetivos. O processo deve ser estruturado formalmente e contém etapas e passos conhecidos por ambos.

Counseling é:

Modelo de interação com o cliente que fornece conselhos, metodologias, estruturas e soluções para que ele possa realizar seus próprios objetivos. O gestor é um "aconselhador" do cliente.

Mentoring é:

Modelo de interação com o cliente que o orienta através da utilização de exemplos e práticas bem-sucedidas, geralmente decorrentes da experiência própria do mentor. O gestor é um "mentor" do cliente.

Terapia é:

Modelo de interação, realizado, obrigatoriamente, por profissional graduado e formalmente capacitado, para realizar intervenções terapêuticas que resolverão questões existenciais do cliente.

Tais definições foram bastante simplificadas, e a sua apresentação facilita o entendimento por parte do gestor sobre a diferença entre elas.

Proponho que o líder que deseja aplicar a liderança motivacional com toda a sua profundidade deve incluir o *coaching* como uma das principais ferramentas de interação com seu liderado. Ele deve se posicionar como um *coach* do seu liderado, respeitando rituais importantes, e posicionar-se como um "prestador de serviços" ao seu "cliente", isto é, aplicar o modelo de liderança servidora, no qual o líder está a serviço de cada liderado, e, em última instância, da equipe, para que ele encontre os melhores caminhos para ampliar seu desempenho – isso já foi lido, e aprendido junto com o Raul, na fábula contada no início dessa obra.

E a sua automotivação, como está? Não deixe de ler o próximo capítulo.

Capítulo 10 | AUTOMOTIVAÇÃO

Estabelecendo seu MOT para a Liderança Motivacional

Motivação é a ação ou o efeito de motivar; é a geração de causas, motivos, sentidos ou razões para que uma pessoa seja mais feliz e efetiva em suas relações. É o processo que gera estímulos e interesses para a vida das pessoas e estimula comportamentos e ações. É o mecanismo que justifica, explica, estimula, caracteriza e antecipa fatos. É um determinado conjunto de motivos que gera um conseqüente conjunto de ações, que pode ser sintetizado da seguinte forma:

Motivo + Ação = Motivação

A motivação é um dos temas mais estudados e debatidos na prática organizacional. Ela é vital na dinâmica entre as pessoas e tem influência direta, na eficácia das relações. Além disso, possui dois grandes vetores:

- A motivação interna.
- A motivação externa.

Motivação Interna

A motivação interna caracteriza-se pelo conjunto de percepções que o indivíduo tem sobre sua própria existência, como ele valoriza e gosta de seus próprios pensamentos e comportamentos, como sua auto-estima propicia ações para sua felicidade, como ele mesmo reconhece seus atos e como ele próprio se valoriza.

Essa motivação interna, que chamo também de vetor interno, é o principal aspecto de sua motivação. Podemos dizer que a motivação interna é o mecanismo intrínseco, que "move" o indivíduo e que o mantém disposto e feliz, permitindo sua evolução e seu senso de desenvolvimento. Este primeiro vetor é o mais importante, pois ele é a base para a realização e a felicidade individual.

Por mais que um ambiente possa gerar elementos externos de ampliação da motivação, o vetor interno é o que efetivamente vai alimentar a alma desse mesmo indivíduo e fará com que ele possua plena satisfação sobre sua vida.

Quando nos aprofundamos nos aspectos psicológicos, verificamos o quanto a motivação interna é primordial para nosso equilíbrio psíquico. Ela permite o delineamento de comportamentos adequados, que facilitam ao indivíduo sua inserção no ambiente que está à sua volta.

O processo motivacional individual busca a manutenção do nosso equilíbrio. Quando algo acontece no ambiente que é interpretado de forma surpreendente pelo indivíduo, é o seu mecanismo motivacional que procura manter e recuperar um nível aceitável de equilíbrio dinâmico que maximiza o prazer e minimiza o desprazer. A energia que é usada para acionar o sistema nasce da capacidade do indivíduo de se automotivar – uma capacidade de natureza primitiva, instintiva, mas que pode, também, ser desenvolvida através de processos planejados.

A automotivação permite que o ser humano lide, realisticamente, com as pulsões básicas do seu inconsciente e também age como mediador entre esses impulsos básicos e as exigências da realidade externa. Dessa forma, o indivíduo fixa uma série de normas que definem e limitam a flexibilidade dos seus comportamentos, realimentando sua própria mente com informações relevantes que o fazem aprender e criam condições para que ele mantenha ou mude seus comportamentos futuros.

Todo esse processo é gerenciado pela mente humana de forma complexa (consciente e inconscientemente) e acaba caracterizando o grau de satisfação que cada um tem a respeito de seu próprio ser – daí o surgimento do próprio senso de "estar motivado".

Veja que todo esse processo é individual, e é fortemente dependente da maneira pela qual a pessoa interpreta seus pensamentos e percebe o que acontece à sua volta. Dentro da mente humana existem conexões entre todos os eventos mentais.

Quando um pensamento ou um sentimento parecem não estar relacionados aos pensamentos e aos sentimentos que os precedem, as conexões estão acontecendo no inconsciente do ser humano. Essas conexões são capazes de realimentar a motivação desse indivíduo ou de reduzir esse nível motivacional – isso dependerá da forma com que esse mesmo indivíduo, utilizando as normas e os padrões já aprendidos, interprete o que ocorreu com ele.

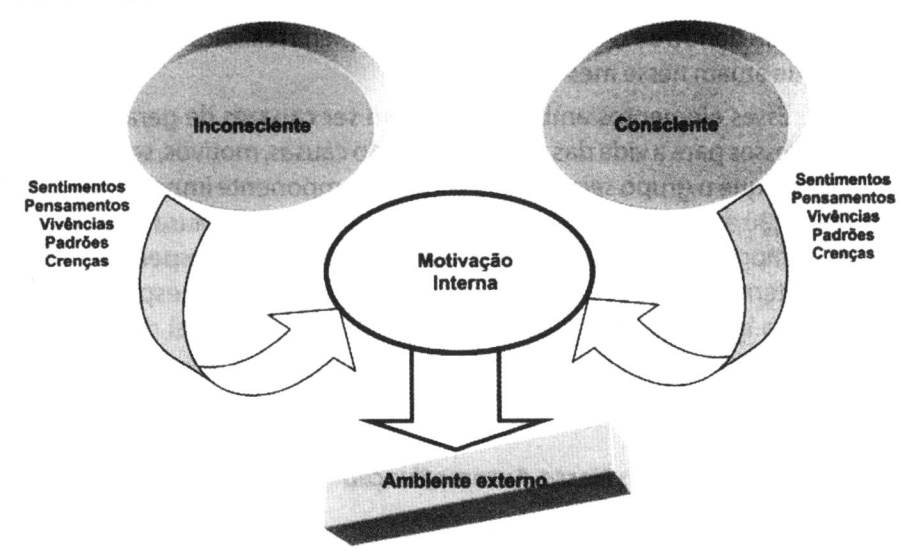

Figura 10.1 – O processo de motivação

Uma vez que esses "elos motivacionais inconscientes" são descobertos, a pessoa reage de forma a buscar novamente o equilíbrio. Sabemos que, no inconsciente, estão elementos instintivos, que nunca foram conscientes e que não são acessíveis à consciência, mas, mesmo assim, eles influenciam fortemente o processo motivacional individual. Além disso, há fatos e sentimentos memorizados que já foram excluídos da consciência, depois de censurados e interpretados. Mesmo assim, esses fatos vão influenciar a auto-estima do indivíduo, pois eles não estão esquecidos ou perdidos e o pensamento ou a memória ainda afetam a consciência (e a motivação individual).

Os elos emocionais inconscientes podem ser trabalhados nos indivíduos para que a auto-estima seja maximizada e sua percepção do mundo possa gerar ações cada vez mais "motivadoras". Isso realmente seu processo de automotivação.

Conclusão: Por mais que um ambiente possa gerar elementos externos de motivação, o vetor interno é o que, efetivamente, vai diferenciar uma pessoa da outra, se considerarmos o aspecto motivacional.

Motivação Externa

A motivação externa caracteriza-se pelo conjunto de valores, missão e visão de um determinado ambiente que permite relações interpessoais adequadas, feitas dentro de um clima que permita a plena realização dos seres humanos que atuam nesse mesmo ambiente.

Esses elementos ambientais devem ser capazes de gerar estímulos e interesses para a vida das pessoas, criando causas, motivos, sentidos ou razões para que o grupo seja mais feliz. Outra componente importantíssima da motivação externa é a capacidade de gerar relações de causa e efeito entre os comportamentos dos indivíduos e os resultados esperados para aquela determinada organização. Por exemplo, é igualmente esperado que tanto numa igreja quanto em um clube, siderúrgica, hospital ou empresa aérea, tenhamos um excelente clima motivacional para que as pessoas possam exercer, adequadamente, suas tarefas e atingir as metas planejadas.

Um Plano de Ação para Nossa Automotivação – a Autoliderança Motivacional

Como já vimos, a automotivação é conseqüência de um processo de autoconhecimento, em que procuramos estimular nossa percepção a respeito do mundo externo e estabelecer as metas e os objetivos da nossa vida.

Nosso nível de motivação será reflexo de atos e gestos simples, mas que tocam profundamente alguns aspectos-chave do nosso ser, ligados, intimamente, aos estímulos externos que recebemos. Esses são interpretados à luz de nossas referências internas.

É por essa razão que o primeiro passo para o estabelecimento de um plano de automotivação constitui-se na elaboração do nosso MOT, que é um processo de autoconhecimento (diagnóstico auto-realizado) sobre os fatores que nos levam a desencadear os nossos MOTIVOS internos.

Para identificar os fatores desencadeadores dos MOTIVOS, vamos precisar liberar nossos sentimentos, utilizar a sinceridade e pensar profundamente em nossa vida atual. Sim, porque o MOT pode se alterar de tempos em tempos, o que significa que estamos em constante mutação – uma característica natural da espécie humana.

O nosso MOT pessoal poderá ser elaborado pensando-se em fatores que afetam o lado da vida que costumamos chamar de "fatores pessoais".

É claro que também podemos elaborar o MOT com fatores ligados ao que costumamos chamar de "fatores profissionais".

Pequenas dicas:

a) Quando pensar em "fator", você pode imaginar elementos subjetivos (amor, afeto etc.) ou elementos materiais (trabalho, dinheiro etc.). Não bloqueie seus impulsos, deixe-os fluir naturalmente!

b) Se for possível, procure escrever apenas uma palavra em cada resposta, e não frases inteiras.

Quando estiver concluído, o seu MOT deve estar mais ou menos desta maneira:

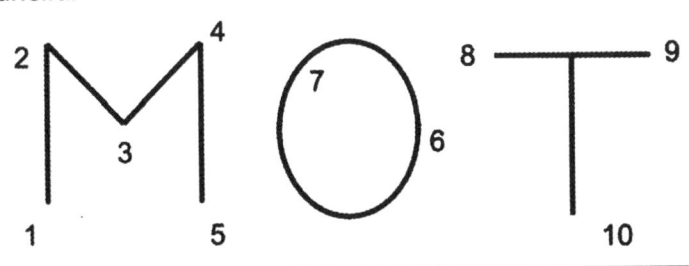

Ponto do MOT	Fator Motivacional
1	Ansiedade
2	Felicidade
3	Alegria
4	Dinheiro
5	Estresse
6	Falta de reconhecimento
7	Baixa auto-estima
8	Trabalho
9	Esporte
10	Família

A utilização do MOT dependerá de você, pois em função do seu interesse, você poderá refletir sobre o conjunto de fatores que desejar. O mais importante é que o MOT seja um instrumento que identifique e ordene os fatores geradores dos seus MOTIVOS, à ser utilizado à serviço de sua automotivação.

Não se preocupe se houver alguma dificuldade na compreensão das etapas descritas a seguir, quando da sua primeira análise. Se for necessário, leia e releia cada passo para que o seu diagnóstico auto-realizado seja bem feito.

Reserve alguns minutos para você...

O MOT deve ser elaborado nas quatro etapas descritas a seguir:

Primeira Etapa (M)

Estabeleça os cinco fatores de mutação, seguindo os cinco pontos utilizados para escrever a letra M. Relacione os fatores que você deseja aumentar ou amplificar (nos ápices da letra M, pontos 2 e 4 na figura), os fatores que deseja diminuir ou minimizar (pontos 1 e 5 da figura), e o fator que deseja manter (ponto 3).

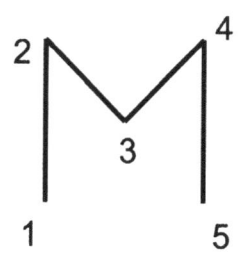

Figura 10.2 – Cinco fatores da mutação

Como representado na Figura 10.1, desenhe numa folha de papel a letra M. Deixe espaço suficiente para anotar ao lado dos números as respostas às seguintes perguntas:

1) "Que fator da minha vida eu mais gostaria de DIMINUIR, REDUZIR?"

2) "Que fator da minha vida eu mais gostaria de AUMENTAR, AMPLIAR?"

3) "Que fator da minha vida eu mais gostaria de MANTER?"

4) "Que outro fator da minha vida eu gostaria de AUMENTAR, AMPLIAR?"

5) "Que outro fator da minha vida eu gostaria de DIMINUIR, REDUZIR?"

Segunda Etapa (O)

Imaginando que a letra "O" representa você e seu relacionamento com o mundo exterior, relacione o fator externo que mais o DESMOTIVA (ponto 6 da Figura 10.2) e o fator interno que mais o DESMOTIVA (ponto 7).

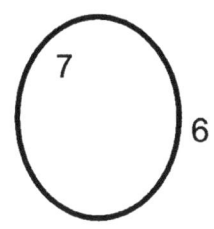

Figura 10.3 – Dois fatores de motivação

Como demonstrado na Figura 10.2, responda às duas perguntas desta etapa numa folha de papel (que pode ser a mesma utilizada para a letra M):

6) "O que mais me desmotiva EXTERNAMENTE?"

7) "O que mais me desmotiva INTERNAMENTE?"

Terceira Etapa (T)

Estabeleça os três fatores que mais o motivam, anotando-os numa folha de papel (que também pode ser a mesma utilizada nas duas etapas anteriores):

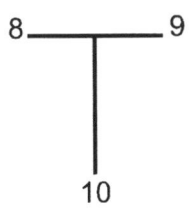

Figura 10.4 – Três fatores de motivação

8) "Que fator mais me MOTIVA?"

9) "Depois do fator anterior, que fator mais me motiva?"

10) Finalizando, questione-se novamente: "Que outro fator mais me motiva?"

Quarta Etapa (AÇÃO)

Após as três etapas anteriores, reflita, agora, no conjunto de ações que você poderá empreender para realizar os cinco fatores descritos na letra

M, nas ações necessárias para reduzir os dois elementos desmotivadores da letra O e nas ações necessárias para ampliar os três elementos motivadores da letra T. Entendemo-nas como um plano de ação, um conjunto de ações possíveis, planejadas e realizáveis, e que possuem uma meta a ser atingida, tal como:

– O que eu vou fazer?

– Quando eu vou fazer?

– Como eu vou fazer?

Para isso, utilize uma nova folha de papel, que poderá ter a configuração da Tabela 10.1.

Tabela 10.1 – Modelo com plano de ação

Pontos	O que vou fazer?	Quando vou fazer?	Como vou fazer?
1			
2			
3			
4			
5			
6			
7			
8			
9			
10			

Capítulo 11 — Liderança Motivacional na Prática, Lições do Cirque Du Soleil

Maio de 2006, primavera no Hemisfério Norte.

Nesse cenário diferente, fui ao Canadá visitar a sede do Cirque Du Soleil em Montreal. Essa visita havia sido cuidadosamente planejada ao longo de cinco meses, para que eu pudesse pesquisar e entender como uma organização com 22 anos de história conseguira obter tanto sucesso e constituir-se em uma das empresas mais admiradas no campo do entretenimento.

Uma das razões desse sucesso é a forma como seu líder fundador, Guy Laliberté, compartilhou sua visão com os demais colaboradores da organização, reinventando o negócio "circo". Ele conseguiu manter em cartaz cerca de doze espetáculos em várias partes do mundo, contando com o talento de 3.200 colaboradores.

Percorrendo os cerca de 3.000 m² de instalações supermodernas, pude perceber profissionalismo e motivação nos profissionais do Cirque que trabalham em sua sede. O prédio foi criado com uma concepção arquitetônica que privilegia a exposição de obras de arte, para lembrar um dos principais traços de sua cultura: a associação entre arte e negócios. As paredes, escadas, pisos, estúdios e salas possuem acabamentos diversificados, geralmente com aço e concreto aparentes, sugerindo um certo estilo "mambembe", como se a estrutura tivesse sido montada provisoriamente – mas o resultado é uma sede bonita, sofisticada e simples ao mesmo tempo, criando espaços para a convivência entre os colaboradores de diversas áreas como se estivessem sendo estimulados, o tempo todo, a criar novos espetáculos ou a inovar no seu trabalho diário.

Por exemplo, uma das áreas de maior convergência de pessoas é o restaurante. Por isso, ele possui ambientes diversificados, que permitem encontros ao longo do dia, não apenas nos horários de refeições, propiciando a realização de reuniões em locais e momentos diferentes. O grande ambiente é limitado por uma imensa parede de vidro, que abre o espaço para a entrada da luz natural, durante o dia – é muito bonito.

Em Montreal, a instabilidade meteorológica é grande: num mesmo dia, é possível que se veja o Sol, a neve e a chuva. Por isso, esta integração do amplo restaurante com a natureza favorece a criação de um ambiente criativo e estimulante. Sua decoração é atípica e, quando olhamos para a cozinha, um dos elementos mais interessantes é a exposição de panelas, talheres e utensílios.

Quando perguntei o motivo dessa exposição fiquei impressionado com a resposta: esses materiais estão expostos assim para que nenhum colaborador do Cirque esqueça de que o circo é, como essência, uma atividade itinerante, onde as refeições são feitas com panelas e utensílios que não são guardados em armários, longe dos olhos dos usuários.

Para onde se olha na sede da organização, vêem-se detalhes que transmitem a cultura da empresa, e potencializa a visão dos líderes que a criaram – isso é um grande exemplo de liderança motivacional!

Em Montreal, existem seis estúdios para treinamento, ensaios e apresentações. Um deles é um anfiteatro com recursos modernos e sofisticados, onde os diretores e artistas simulam espetáculos inteiros antes de encená-los nas lonas do mundo. Aliás, todos os espetáculos do Cirque nascem ali, a partir de uma equipe multidisciplinar que se reúne, exclusivamente, para essa finalidade. Por exemplo, em 2006 o espetáculo "Love" – que conta um pouco da saga dos Beatles e utiliza elementos culturais da época do seu sucesso – estreou em Las Vegas.

Esse espetáculo (como todos os demais que ficam fixos em uma determinada cidade) foi criado em um período que consumiu de dois a três anos. Nele foram investidos cerca de 135 milhões de dólares (quantia superior a todos os investimentos necessários para estruturar a temporada anual da Broadway!).

Durante esse tempo, artistas são selecionados e fazem treinamentos e ensaios nesses estúdios (que possuem pé-direito tão alto quanto os locais dos espetáculos em cartaz). Nessas ocasiões, os diretores e treinadores orientam e aperfeiçoam artistas de circo ou novos candidatos, selecionados em todo o mundo. O processo de seleção, desenvolvimento e avaliação é bastante sofisticado – comparável aos processos de gestão de pessoas das melhores organizações multinacionais. Montreal funciona como uma grande "universidade corporativa", onde as competências fundamentais como disciplina, segurança e criatividade são aprendidas. Do outro lado da rua da sede fica um agradável centro de convivência com quartos e ambientes comuns, para hospedar os artistas que não residem em Montreal durante seu período de treinamento.

Além desse espaço de convivência, e das demais áreas de criação e administração, fui levado à "galeria dos moldes de cabeça", uma curiosa característica do Cirque. Esta galeria é composta por moldes de uma espécie de gesso, que é colocado sobre a cabeça de todos os artistas, quando entram na organização. Após a secagem, o molde representa, fielmente, as dimensões e o estilo da cabeça do artista.

O objetivo inicial é fazer com que, em Montreal, os figurinistas fiquem com os registros das dimensões da cabeça de cada artista que trabalha no Cirque para facilitar a confecção de chapéus e adereços a distância, mesmo que o artista esteja trabalhando na Austrália, por exemplo.

O mais interessante é que essa espécie de ritual se transformou em uma tradição e passou a integrar o conjunto de mitos e ritos da cultura do Cirque Du Soleil: um dos sonhos mais relatados pelos candidatos a uma vaga de artista no Cirque é verbalizado por meio do desejo de "deixar seu molde" na sede de Montreal, uma sensação única de que ele está entrando para uma organização muito especial no mundo do entretenimento.

Fui acompanhado na visita por Valeria José Maria, diretora da MOT e escritora. Ela ficou, como eu, impressionada com o trabalho das áreas de confecção de figurinos e adereços. Em Montreal, já foram produzidos cerca de 4.000 pares de sapato, e, anualmente, são utilizados cerca de 20 quilômetros de tecido para confeccionar pouco mais de 20.000 figurinos por ano – o necessário para abastecer os 12 espetáculos em cartaz.

De fato, saí de Montreal com uma certeza: o Cirque Du Soleil por dentro é mais impressionante ainda. Lá, percebe-se, claramente, que o sucesso de mais de 20 anos não é por acaso: é conseqüência do modelo de liderança que emprega no dia-a-dia.

Um Pouco de História

Mas, como o Cirque Du Soleil chegou nesse estágio de desenvolvimento?

Em 1984, o tradicional segmento econômico do circo encontrava-se em franco declínio, principalmente pelo crescimento das alternativas de entretenimento tecnológicas e pelos custos cada vez mais proibitivos de logística e de manutenção dos animais.

Os fundadores do Cirque aproveitaram uma oportunidade surgida por ocasião do aniversário de 450 anos do descobrimento do Canadá: o governo de Quebec decidiu contratar uma companhia de espetáculos itinerante que levasse a comemoração a diferentes cidades. Mas, em vez de simplesmente apresentar um espetáculo qualquer, o grupo buscou a combinação das suas competências racionais e emocionais: montou um show que combinava números de artistas de rua com atos circenses sem animais, dentro de uma temática ou história central que "liga" os diferentes números circenses – esse é o maior diferencial do Cirque Du Soleil até hoje.

Os indicadores são contundentes: o crescimento sustentável pode ser medido nos ingressos (multiplicaram 20 vezes em dez anos), nos mais de 50 milhões de espectadores que já assistiram aos seus espetáculos (foram cerca de 7 milhões só no ano passado), nas mais de 20.000 peças de figurinos confeccionadas anualmente, nos 3.000 m² de estúdios de ensaio e treinamento disponíveis durante três meses para os novos artistas (assistidos, na média, por um treinador exclusivo para cada 10 treinandos), e uma receita anual de 700 milhões de dólares (dos quais cerca de 25% obtidos com a comercialização de CDs, DVDs, programas de TV e outros negócios adicionais).

Há 20 anos, trabalhavam no Cirque Du Solei cerca de 70 pessoas, lideradas por Guy Laliberté, um canadense com alma internacional que acredita no valor da diversidade e sabe ousar nos momentos certos. No ano da comemoração das duas décadas, essa organização contava com cerca de 3.200 colaboradores, dentre os quais quase 800 são artistas de alto nível, selecionados e treinados num centro de educação e cultura que ocupa um moderno prédio em Montreal.

Guy, como poucos empreendedores, é tido como um modelo de líder educador e um hábil e inteligente negociador. Ele imprime seu estilo através do desenvolvimento, do crescimento e da diversidade na organização e nos 12 espetáculos em cartaz no mundo inteiro – existem pessoas de 40 nacionalidades diferentes e são faladas cerca de 25 línguas!

Uma Cultura Voltada para a Liderança Educadora

A visita a Montreal foi fundamental para que eu pudesse ampliar meus estudos sobre a cultura organizacional do Cirque e, de forma livre, interpretar algumas das principais dimensões de sua cultura. Pude descobrir como as quatro dimensões da dominância cerebral ajudaram a criar e a desenvolver as características organizacionais do Cirque Du Solei, transformando essa organização de mais de meio bilhão de dólares de faturamento anual em um dos estudos de caso mais interessantes e discutidos no mundo.

Procurei entender o sucesso dessa organização através do modelo da dominância cerebral de Ned Herrmann. Esse modelo nos ajuda a compreender como a cultura do Cirque Du Soleil pode ser decodificada por meio dos quatro quadrantes do cérebro: Analítico (planejamento), Experimental (criatividade), Controlador (disciplina) e Relacional (trabalho em equipe).

São essas quatro dimensões empresariais (válidas para organizações de todos os tamanhos, de todos os países e de todos os segmentos) que corporificam a cultura de aprendizagem inspirada por cada um dos diretores de espetáculo e criam uma visão estratégica multifacetada, completa, total – que agrada e faz com que o "cliente" seja surpreendido e volte na próxima oportunidade.

Os espetáculos, geralmente, são concebidos ao longo de vários meses, e a maioria não tem diálogos em qualquer língua conhecida. No entanto, todos resultam em um processo de comunicação muito contundente e contagiante!

Considerando a integração dos quatro quadrantes, cada espetáculo é exaustivamente planejado (quadrante analítico), voltado para o público-alvo, e valoriza tanto a criatividade (experimental) quanto a disciplina (controlador). É um verdadeiro trabalho de equipe (relacional) que combina sons, iluminação e destreza física, associado a um maravilhoso revezamento nos números: todos os membros da equipe são atores principais em seus números, mas atuam como coadjuvantes importantes nos números dos colegas, mostrando que o trabalho do grupo é maior do que as vaidades e as especialidades individuais – todos ganham.

Na verdade, o espetáculo possui elementos típicos de qualquer circo, como a lona, os palhaços, os acrobatas, mas se diferencia, totalmente, na medida em que aborda um tema central, sem a participação de animais, dando ênfase à música, ao figurino, à cenografia, à beleza da determinação, da paixão e do talento humano.

A lição aprendida: manter disciplina e controle para garantir a qualidade total em cada noite, em cada sessão, em cada espetáculo, e, ao mesmo tempo, valorizar o improviso, na hora certa, e dignificar o talento criativo dentro de padrões e normas que encantam e geram resultados além do planejado.

Essas características do Cirque Du Soleil já foram retratadas em estudos e livros. Tony Babisnki e Kristian Manchester, no excelente livro "20 Years Under the Sun" (em tradução livre "Vinte Anos sob o Sol"), descreveram como a criatividade e a capacidade de inovação são fatores indispensáveis para o sucesso do Cirque, tanto nos negócios quanto em inúmeros outros aspectos das nossas vidas.

O livro é repleto de fotografias dos espetáculos em cartaz atualmente, e nos delicia com imagens que contam a história da empresa. Estão lá fotos de Guy fazendo suas performances como artista "engolidor de fogo" e de outros fundadores do Cirque em apresentações diversas. Os autores do livro relatam também algumas das dificuldades dos primeiros anos, quando a organização percebeu que não poderia (como a maioria das organizações artísticas) depender de subsídios governamentais. Esse período foi muito difícil e foi necessária a visão firme de Guy para manter o rumo da empresa, em busca de seus objetivos. Desde então, o Cirque Du Soleil funciona como um laboratório criativo de renome mundial, fascinando platéias de todo o mundo com seu misto deslumbrante de acrobacias, cenografia, coreografias, músicas, figurinos e efeitos especiais, capazes de inspirar e criar experiências teatrais mágicas, quase místicas, o que gera um valor agregado percebido pelo mercado, que compra as entradas como se cada espetáculo fosse uma montagem sofisticada da Broadway, uma ópera ou um balé.

A liderança motivacional praticada por Guy tinha criado as bases para um ambiente que estimula a criatividade e o trabalho em equipe.

Dois outros autores, Chan Kim e Renee Mauborgne, em "A Estratégia do Oceano Azul", também haviam incluído o Cirque em uma pesquisa com cerca de 100 organizações bem-sucedidas e mostraram como a adoção de uma estratégia diferenciada pode fazer muita diferença perante o mercado consumidor. Eles dividiram as organizações pesquisadas entre aquelas que utilizam a estratégia do oceano vermelho (metaforicamente com a cor de sangue, que simboliza a disputa em busca da supremacia no seu segmento) e as organizações que atuam no oceano azul, em busca de novas oportunidades e novos segmentos (como o Cirque Du Soleil).

Segundo esses pesquisadores, a maioria das organizações adota uma postura de competição e luta por cada ponto percentual do mercado (ou "market share"), fazendo ações para "retirar" clientes de outro concorrente. Entretanto, segundo eles, o fundador do circo, Guy Laliberté, age como um líder educador e é um hábil e inteligente negociador que consegue imprimir seu estilo através do desenvolvimento dos colaboradores.

Que tal imaginar como gerenciar uma organização com funcionários e executivos altamente especializados, de diferentes culturas e obter sucesso aliando arte e negócios?

Uma das chaves do sucesso dessa organização está no fato de que os fundadores reconheceram, desde o começo, que criar um espetáculo era tão importante como gerar recursos para produzir outros e promovê-los. Eles sabiam que não era importante apenas sonhar, mas também fazer desse sonho uma atividade digna, especial, diferente, altamente desafiadora. Unir arte aos negócios se tornou um dos valores da organização.

Outro livro, escrito por John Bacon e Lyn Heward, chamado no original em inglês de "The Spark" ("A Centelha") e publicado no Brasil pela Elsevier com o título "Cirque Du Soleil, A Reinvenção do Espetáculo", faz o leitor se apaixonar pela história de um personagem imaginário que se descobre, sem querer, dentro de um dos espetáculos mais fantásticos do Cirque: "Ká", em cartaz no Cassino MGM de Las Vegas. A história narra as descobertas desse personagem, que percorre várias áreas da organização em Montreal e faz um mergulho no universo e nas idéias do Cirque Du Soleil a partir de conversas com colaboradores da empresa. O livro confirma, de certa forma, minhas percepções sobre essa organização: os autores deixam claro que não existe receita de bolo para o êxito criativo: cada qual deve liberar sua capacidade criativa do seu próprio jeito. Esse livro inspirador reúne as histórias de bastidores dos mais criativos profissionais do mundo do entretenimento, com um toque da mágica transcendental do Cirque Du Soleil. É um manual sem precedentes de como tornar a criatividade parte de tudo o que você fizer – desde simples ações até as grandes decisões que devemos tomar como líderes.

Esse caso de sucesso empresarial chama a atenção de investidores, especialistas, estudiosos, empresários e consultores de gestão. Por isso, esse fenômeno empresarial serve como metáfora para a elaboração de planos estratégicos de organizações que atuam em diferentes segmentos de mercado.

Utilizando o Cirque Du Soleil em Programas de Liderança Motivacional

Mas você pode estar se questionando: o que tem isso a ver com o mundo corporativo?

Os exemplos de trabalho em equipe que vemos em todos os espetáculos, o foco no espectador, a forma de recriar com extrema competência a arte do circo, aliás uma das mais importantes e tradicionais manifestações culturais do ser humano, são características da cultura do Cirque Du Soleil.

Mesmo considerando que essa organização lida com variáveis aparentemente antagônicas como arte, estratégia, criatividade, disciplina e diversidade, sua vocação para o sucesso está relacionada, diretamente, ao seu modelo de liderança.

Seus líderes desenvolveram competências para fazer com que a grande diversidade de pessoas que integram o Cirque possa atuar de forma complementar, fazendo com que as diferenças sejam encaradas como um fator positivo, o que cria condições para soluções inovadoras – e isso faz parte da cultura da organização. Com uma perfeita sincronia, as equipes e seus líderes conseguem atingir seus objetivos e superar os desafios do dia-a-dia.

Nos últimos cinco anos, a equipe da MOT tem utilizado, de forma metafórica, os exemplos dessa organização para implementar programas de Liderança Motivacional. Esses programas, em média, podem ter duração de 2 a 8 horas. Neles, são apresentadas as dimensões da dominância cerebral e como elas ajudam a criar e a desenvolver a cultura do Cirque Du Soleil, transformando essa organização de meio bilhão de dólares num dos estudos de casos mais interessantes e discutidos do mundo.

Como já vimos, o modelo da dominância cerebral é o resultado de várias pesquisas conduzidas por Ned Hermann, nos Estados Unidos, ao longo de 20 anos, como descrito na primeira parte.

É uma metáfora do cérebro e se trata de uma fusão das preferências de pensamento dos dois sistemas pensantes: o límbico e o neocórtex. Todo o lado esquerdo se relaciona com as habilidades racionais e o lado direito com as ligadas à emoção.

O treinamento é realizado de forma criativa, dinâmica e interativa, em que os treinandos têm participação efetiva. Os participantes realizam dinâmicas baseadas em alguns exercícios também realizados no Cirque Du Soleil, mas de forma intelectual. Claro que ninguém é convidado a se exercitar num trapézio, mas as dinâmicas e os exercícios práticos mostram as diferenças entre atuação e comportamento, entre pensar e agir. Isso permite que os participantes entendam, por exemplo, como as competências que identificamos no Cirque podem ser aplicadas na prática em organizações dos mais diversos segmentos.

Um exemplo das dinâmicas realizadas ocorre quando cada pessoa é convidada a responder a um instrumento de diagnóstico que identifica qual o seu "quadrante preferido", ou seja, o que mais gera impacto no comportamento do dia-a-dia. Após essa etapa, geralmente, explica-se como cada profissional pode aprimorar seus comportamentos e, principalmente, sua percepção sobre os comportamentos dos demais, para se obter sucesso nos relacionamentos interdepartamentais e com os clientes. Esse trabalho já foi utilizado em organizações de diversos segmentos de mercado, com muito impacto e aplicabilidade.

Durante o programa, mostramos a solução utilizada por um dos diretores do espetáculo do circo e que tem o objetivo de motivar os artistas. Contamos, ao longo do treinamento, que o artista do Cirque Du Soleil, quando está disponível e não está se apresentando naquele dia, recebe um ingresso bem no meio do público, para que ele possa ver o que os espectadores vêem todas as noites. Na maioria das vezes, o artista do circo senta ao lado de uma pessoa que está vendo o show pela primeira vez e entende porque ela está chorando no final da apresentação. Finalmente, surge para eles um sentido para o trabalho que estão realizando, ou seja, o que os leva a suar e a treinar com tanto empenho. Isso permite que o profissional encontre uma razão do seu trabalho existir.

Essas mensagens são, cuidadosamente, repassadas ao longo do treinamento, sempre se criando metáforas entre o Cirque e a empresa. Logo, os treinandos passam a pensar como "darão ingressos" aos seus colaboradores para que eles possam sentir o que os clientes sentem quando recebem produtos ou serviços da organização. Vale lembrar que esse treinamento pode ser realizado em hotéis ou em salas ambientadas. O importante mesmo é o formato utilizado para impactar aquele público-alvo específico.

Normalmente, uma das vantagens que um programa de treinamento como este gera é a implementação de novos comportamentos na organização, não importando o tamanho ou o segmento. Os participantes podem reaprender fatores como liderança, motivação, trabalho em equipe e disciplina, de forma lúdica e impactante. Uma das lições mais marcantes do Cirque Du Soleil é o trabalho em equipe, pois todos os artistas são, como já dito, atores principais em seus números, mas atuam como coadjuvantes importantes nos números dos colegas. Essa é uma lição que ainda precisa ser bastante praticada em nossas organizações, visto ser parte fundamental na prática da Liderança Motivacional.

BIBLIOGRAFIA

ABBOUD, Miguel. *Motivação e satisfação no trabalho: uma análise da teoria e suas implicações para a gerência.* Dissertação de Mestrado, FGV/SP, 1980.

BERGAMINI, C. W. *Motivação nas organizações.* 4ª ed. São Paulo: Atlas, 1997.

BERGAMINI, C. W. *Liderança, administração do sentido.* São Paulo: Atlas, 1994.

BLANCHARD, Kenneth. *Empowerment takes more than a minute.* Blanchard Training and Development, Califórnia, 1995.

BLANCHARD, Kenneth. *O gerente minuto.* 3ª ed. Rio de Janeiro: Record, 1995.

BLANCHARD, Kenneth. *Empowerment.* Rio de Janeiro: Objetiva, 1996.

BLANCHARD, Kenneth. *Virando ao contrário a pirâmide organizacional.* In: PETER F. DRUCKER FOUNDATION (org.). *O líder do futuro: visões, estratégias e práticas para uma nova era.* 5ª. ed. São Paulo: Futura, 1996.

BYAHAM, William C. *Zapp!, o poder da energização.* Rio de Janeiro: Editora Campus, 1992.

BOOG, G. G. *O desafio da competência: como enfrentar as dificuldades do presente e preparar sua empresa para o futuro.* São Paulo: Best Seller, 1991.

CASTRO, Alfredo Pires de. *Zapp! em Ação.* Rio de Janeiro: Editora Campus, 1994.

CASTRO, Alfredo Pires de. *Automotivação.* Rio de Janeiro: Campus, 1997.

CASTRO, Alfredo Pires de. *Motivação de equipes virtuais.* São Paulo: Editora Gente, 1999.

CASTRO, Alfredo Pires de. *Motivação.* Rio de Janeiro: Campus, 1998.

CHIAVENATO, Idalberto. *Teoria geral da administração.* São Paulo: Makron Books, 1993.

CODA, R. *Satisfação no trabalho e características das políticas de recursos humanos para executivos.* Tese de Doutorado, FEA/USP, 1986.

DEUTSCH, M. *The effect of motivational orientation, human relations.* New York, 1990.

DRUCKER, Peter. *The new realities,* Heinemann Professional Publishing, Oxford 1990.

FLEURY, A., Fleury, M. T. F. L. *Estratégias empresariais e formação de competências.* São Paulo: Editora Atlas, 2000.

GOLEMAN, Daniel. *Trabalhando com inteligência emocional.* Rio de Janeiro: Editora Objetiva, 1999.

HERSEY, P.; Blanchard, K. H. *Psicologia para administradores: a teoria e as técnicas da liderança situacional.* São Paulo: EPU, 1986.

HERRMANN, Ned. *The whole brain business book.* New York: McGraw-Hill, 1996.

HERZBERG, F. *The motivation to work.* New York: John Wiley & Sons, 1959.

JUNQUEIRA, L. G. C. *Negociação: tecnologia e comportamento.* 10ª ed. Rio de Janeiro: COP, 1994.

KATZENBACH, J. *Os verdadeiros líderes da mudança: como promover o crescimento e o alto desempenho na sua empresa.* Rio de Janeiro: Editora Campus, 1996.

KEPNER, C. TREGOE, B. *O novo administrador racional.* São Paulo: Kepner-Tregoe, 1991.

LAWLER III, Edward E. *Motivation in work organizations.* São Francisco: Jossey-Bass Publishers, 2002.

MARIA, Valeria José. *Auto-realização.* Rio de Janeiro: Qualitymark Editora, 2004.

MARRAS, Jean Pierre. *Administração de recursos humanos.* São Paulo: Editora Futura, 2002

MASLOW, A. *Motivation and personality.* New York: McGraw-Hill, 1960.

McGREGOR, D. *The human side of enterprise.* New York: Harper and Row Publishers, 1970.

NELSON, Bob. *1001 ways to reward employees.* New York: Workman Publishing Company, 1995.

OLIVEIRA, Milton. *Caos, emoção e cultura.* Ophicina de Arte & Prosa, 2000.

PORTER, Michael. *Estratégia competitiva.* Rio de Janeiro: Editora Campus, 1992.

ROBBINS, S. P. *Comportamento organizacional.* São Paulo: Prentice-Hall, 2002.

SOUZA, C. *Talentos & competitividade.* Rio de Janeiro: Qualitymark Editora, 2000.

SROUR, Robert Henry. *Poder, cultura e ética nas organizações.* 4ª ed. São Paulo: Editora Campus, 1998.

VIANNA, M. A. F. *Gerente total: como administrar com eficácia no século XXI.* São Paulo: Editora Gente, 1996.

Sites

www.astd.org – maior comunidade virtual de executivos envolvidos com o desenvolvimento das pessoas no mundo, possui membros virtuais em vários países, inclusive no Brasil (site em inglês).

www.mot-td.com - página com novidades sobre motivação, com trabalhos dedicados a organizações preocupadas em implementar soluções nesse sentido.

www.rtd.com.br – página da Revista T&D, que contém artigos e novidades sobre motivação.

O Autor

Alfredo Pires de Castro

Diretor-sócio da MOT – Treinamento e Desenvolvimento Gerencial Ltda. Possui sólida vivência em Treinamento e Consultoria Empresarial, é membro do Conselho de Administração de algumas organizações no Brasil e no exterior.

Diretor técnico da ABTD, presidente do conselho da ASTD no Brasil, maior associação de profissionais de T&D do mundo, é membro do Advisory Committee da ASTD, em Washington. É professor de cursos de MBA da FIA/USP. Palestrante internacional, coordenou durante nove anos o Fórum Ibero-americano de T&D, realizado anualmente nos EUA. Realizou várias palestras em eventos da ASTD nos Estados Unidos.

Atuou em alguns países da Europa, e fez trabalhos ou palestras na França, Argentina, Malásia, China, Egito, Índia, Nigéria, República Dominicana, Panamá, Chile, Colômbia, Peru, África do Sul, México, Venezuela, Inglaterra, Portugal e Escócia.

Autor de sete livros: "Zapp! em Ação", "Automotivação" e "Motivação", publicados pela Campus, "Qualidade e Energização", publicado pela Qualitymark, "Motivação de Equipes Virtuais", publicado pela Editora Gente, "Indo Além do ROI em T&D" pela ABTD e este livro.

Co-autor de seis livros: "Universidades Corporativas", editado pela USP, dois "Manuais de T&D", publicados pela ABTD, "Manual de Gestão de Pessoas – Dois Volumes", publicados pela ABRH e "Liderança e Motivação", publicado pela ABTD.

Atuou como diretor de projetos de consultoria na Europa, em 1987, nas organizações Bejam Frozen Foods e United Biscuits (Reino Unido e

Bélgica), e como diretor de um projeto de consultoria para uma organização portuguesa, trabalhando em Lisboa durante o ano de 1989.

Engenheiro, é pós-graduado pela PUC/RJ em Finanças, Lead Assessor da ISO 9000, especializado em Qualidade, Psicologia e Eficiência Organizacional nos Estados Unidos (New Jersey, Pittsburgh, Detroit e Atlanta), pela DDI, American Supplier Institute e Euroquest.

Desenvolve e aplica treinamento técnico e comportamental para alta gerência e diretoria de empresas. É Master Trainer certificado pela Development Dimensions International (DDI), de Pittsburgh, EUA.

Contatos com o autor:

alfredocastro@mot-td.com

ou pela empresa:

MOT – Treinamento e Desenvolvimento Gerencial Ltda.

www.mot-td.com

MOT

Treinamento e Desenvolvimento Gerencial Ltda.

A MOT é uma organização ágil, que busca constantemente a inovação em suas ações.

Desde 1995, ano da fundação da empresa, os seus profissionais são identificados pelas flexibilidade, ética e capacidade de entendimento das necessidades de nossos clientes.

Alguns números mostram a vivência dos consultores e especialistas da MOT: realização de programas de treinamentos para mais de 78.000 profissionais, pertencentes a mais de 60 organizações, distribuídos em aproximadamente 4.700 grupos de treinamento, totalizando mais de 41.000 horas de treinamento em sala de aula e 23.000 horas de treinamento e aconselhamento profissional individual.

Algumas das empresas atendidas pelos profissionais da MOT em projetos de desenvolvimento gerencial possuem destaque na economia brasileira, estando entre as 500 maiores operações do Brasil

Em todos os projetos da MOT utilizamos parâmetros rigorosos de qualidade, buscando atender e superar as expectativas de nossos clientes e parceiros.

Pesquisamos novas tendências e participamos ativamente em debates, trabalhos acadêmicos e nos congressos mais importantes do mundo sobre negócios, gestão empresarial, qualidade e gestão de pessoas.

Intercâmbio Internacional

Adotamos critérios utilizados internacionalmente pela ASTD – MAIOR COMUNIDADE VIRTUAL DO MUNDO dedicada ao desenvolvimento das pessoas.

Esse intercâmbio propicia o desenvolvimento de projetos altamente ligados ao que há de mais moderno no campo da performance empresarial, o que possibilita a melhor relação custo × benefício para programas de desenvolvimento de recursos humanos.

Priorizamos o desenvolvimento de programas, palestras, projetos e processos de mudança que tragam resultados concretos.

A MOT atua em três grandes áreas:

- Programas estruturados sobre Liderança, Motivação, *Team building*, *Coaching*, Trabalho em equipe, Vendas, e muitos outros temas.
- Programas Customizados, que são elaborados para atender as necessidades específicas dos clientes, incluindo programas de desenvolvimento, *coaching* e consultoria.
- Palestras Motivacionais, com temas diversificados, em sua maioria sobre motivação, vendas, estratégia e negociação.

MOT – Treinamento e Desenvolvimento Gerencial Ltda.
www.mot-td.com

OUTRAS OBRAS INDICADAS

ROI
de treinamento, capacitação & formação profissional
Retorno do Investimento

CRISTINA GOMES PALMEIRA

2ª EDIÇÃO
REVISADA E AMPLIADA

QUALITYMARK

Dicas de como mensurar o resultado financeiro das suas ações de treinamento e educação corporativa.

OUTRAS OBRAS INDICADAS

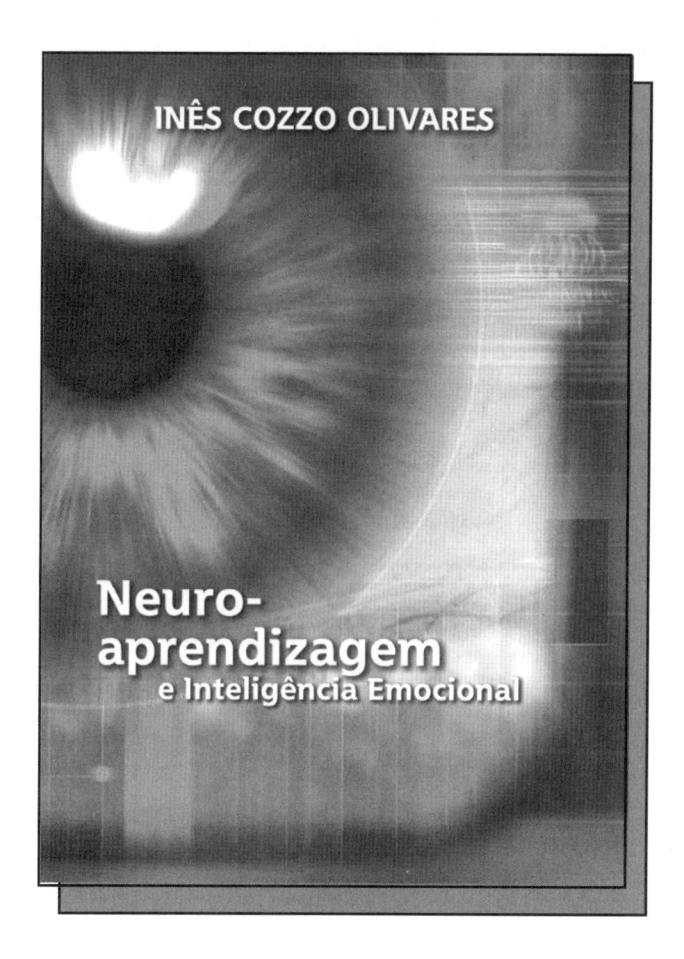

INÊS COZZO OLIVARES

Neuro-aprendizagem e Inteligência Emocional

QUALITYMARK EDITORA

Entre em sintonia com o mundo

QualityPhone:
0800-0263311
Ligação gratuita

Qualitymark Editora
Rua Teixeira Júnior, 441 - São Cristóvão
20921-405 - Rio de Janeiro - RJ
Tel.: (21) 3295-9800
Fax: (21) 3295-9824
www.qualitymark.com.br
E-mail: quality@qualitymark.com.br

Dados Técnicos:

• Formato:	16 x 23 cm
• Mancha:	12 x 19 cm
• Fonte:	Myriad Pro
• Corpo:	11
• Entrelinha:	13
• Total de Páginas:	128
• 5ª Reimpressão:	2015